DEFENSIVE DRIVING
防御性驾驶

公安部道路交通安全研究中心　编著

人民交通出版社股份有限公司
China Communications Press Co.,Ltd.

内 容 提 要

本书主要包括防御性驾驶的基本概念、防御性驾驶基本原则及不同交通环境下防御性驾驶操作方法，并介绍了不同道路环境危险源识别方法、突发险情应对策略和典型警示案例等。

本书可供普通机动车驾驶人学习防御性驾驶技术使用，也可作为机动车驾驶人再教育、职业驾驶人从业资格学习的培训教材。

图书在版编目（CIP）数据

防御性驾驶 / 公安部道路交通安全研究中心编著．—北京：人民交通出版社股份有限公司，2019.10
ISBN 978-7-114-15764-6

Ⅰ．①防… Ⅱ．①公… Ⅲ．①汽车驾驶—安全技术 Ⅳ．① U471.15

中国版本图书馆 CIP 数据核字（2019）第 170637 号

Fangyuxing Jiashi
书　　名：防御性驾驶
著　作　者：公安部道路交通安全研究中心
责任编辑：刘　博　张　琼
责任校对：张　贺　龙　雪
责任印制：刘高彤
出版发行：人民交通出版社股份有限公司
地　　址：（100011）北京市朝阳区安定门外外馆斜街3号
网　　址：http://www.ccpcl.com.cn
销售电话：（010）59757973
总　经　销：人民交通出版社股份有限公司发行部
经　　销：各地新华书店
印　　刷：北京虎彩文化传播有限公司
开　　本：787×1092　1/16
印　　张：11.5
字　　数：165千
版　　次：2019年10月　第1版
印　　次：2024年7月　第5次印刷
书　　号：ISBN 978-7-114-15764-6
定　　价：50.00元

（有印刷、装订质量问题的图书由本公司负责调换）

编写委员会

主　　审：李晓东
主　　编：周志强　王秋鸿
参编人员：于鹏程　刘晓晨　柴　蕊
　　　　　赵立波　牛清宁

前言

防御性驾驶起源于美国，是一种保障驾驶人远离险情，提前作出应对的安全驾驶理念和技巧，是一种先进的主动安全驾驶技能，包含一系列预防事故的技术方法，能够帮助你建立危机意识，在繁忙的交通环境中提前观察、警觉，准确分析、判断，合理反应、操作。

防御性驾驶的核心理念就是预防。做到防御性驾驶，眼睛要永远先于车辆"抵达"前方，"驾驶在于眼睛和头脑"的经典论述，正是对这一过程的准确定位。及早发现险情、提前做好应对，给自己留有足够的时间和空间，永远都要比意外迫近时手忙脚乱更为稳健，也更为明智。

通过学习防御性驾驶技术，你将掌握先进的驾驶方法，同时还会对自己的驾驶陋习形成全面的认识。需要说明的是，防御性驾驶并不是纸上谈兵的事情，在接受并掌握了防御性驾驶理念和方法要求的前提下，通过反复实践形成肌肉记忆，内化为自身安全驾驶的行为习惯，经历了从"模仿"到"掌握"的过程，才能真正成为一名负责任的防御性驾驶人。习惯养成显然不是个舒服的事情，但是一旦克服了惰性，渡过了"别扭期"，你将受益终身，并且永远不会再失去。另外，考虑到防御性驾驶是一项比遵章守法更严格、也更规范的驾驶要求，初学者在行车中可能会遭遇一些"烦恼"，例如被其他车辆穿插超越等，这也是客观现实。然而，无论何时何地都要牢记，防御性驾驶的目的在于提高自己的行车安全性，而任何所谓的"烦恼"，与人身安全相比，都是微不足道的。

本书共分为六章。第一章在介绍了防御性驾驶概念的基础上，提出了八条基本安全原则；第二章从驾驶人安全驾驶状态、车辆运行安全条件和客货运车辆的安全运输要求三个方面介绍了防御性驾驶的基本要求；第三章从基本驾驶方法和特殊路况驾驶技术两个维度阐述了防御性驾驶方法；第四章介绍了十二种交通场景中，不同交通情境下潜在危险的识别方法；第五章介绍了不可避免的交通险情的应对方法；第六章通过十二个典型案例的讲解，进一步阐述防御性驾驶技术的实际应用。

本书由公安部道路交通安全研究中心编著。感谢北京、天津、山西、福建、山东等地公安交通管理部门在本书编写过程中给予的支持与配合。

由于作者水平有限，书中内容难免存在不足之处，敬请广大读者批评、指正。

公安部道路交通安全研究中心
2019年6月

目录

第一章　防御性驾驶的基础知识 ········· 1
- 第一节　了解自己的驾驶现状 ········· 1
- 第二节　防御性驾驶的概念 ········· 3
- 第三节　防御性驾驶的安全原则 ········· 4

第二章　防御性驾驶的基本要求 ········· 18
- 第一节　保持良好的安全驾驶状态 ········· 18
- 第二节　保证良好的车辆运行安全条件 ········· 24
- 第三节　客货运车辆的安全运输要求 ········· 28

第三章　防御性驾驶的主要方法 ········· 39
- 第一节　基本驾驶方法 ········· 39
- 第二节　特殊路况驾驶技术 ········· 72

第四章　识别行车中的潜在危险 ········· 87
- 第一节　跟车 ········· 87
- 第二节　会车 ········· 93
- 第三节　超车 ········· 97
- 第四节　倒车与掉头 ········· 102
- 第五节　交叉路口 ········· 105
- 第六节　山区道路及弯道 ········· 111
- 第七节　桥梁与隧道 ········· 114
- 第八节　高速公路 ········· 120
- 第九节　乡村道路 ········· 126
- 第十节　恶劣天气 ········· 131
- 第十一节　夜间行车 ········· 137
- 第十二节　其他交通参与者 ········· 142

第五章　特殊情况的应急处置 ·· 151
　　第一节　车辆技术故障 ··· 151
　　第二节　突发意外情况 ··· 153
　　第三节　操作失误 ··· 155

第六章　警示案例 ·· 159

参考文献 ·· 173

第一章　防御性驾驶的基础知识

道路上的车辆川流不息，每一次驾车出行都可能遭遇不确定的危险，无论是在交通拥堵的城市道路，还是在广袤无垠的城际高速公路。每一年，我国都有数以万计的交通参与者被交通事故夺去了生命，而研究表明，每年我国发生的涉及人员伤亡的十几万起交通事故中，约90%都是由于驾驶人出现违法驾驶行为或者操作不当造成的，换句话说，这些绝大部分事故都是可以预防和避免的。

第一节　了解自己的驾驶现状

在学习开始之前，你首先要对自己的驾驶水平有一个大概的认知。通过下面的问卷（表1-1和表1-2），你可以对自己的安全驾驶水平，有一个大致的自我评估。

自测问题　　表1-1

		是	否
1	你的交通违法行为，可能都是因为时间紧迫导致的，你本人可能根本没有去故意违法	□	□
2	你可能会认为驾驶技术好的驾驶人是不用系安全带的	□	□
3	你在驾驶汽车时，会使用手机免提功能来保证接听电话时的安全性	□	□
4	你在驾驶汽车时，有时会将视线离开路面去照看车内的孩子或者宠物	□	□
5	当你在不熟悉的路段驾驶时，有时需要在驾驶时查阅电子地图或电子导航仪以保证方向的正确	□	□
6	你为了与周围车辆的速度保持一致，可能会选择超速行驶	□	□
7	一旦你决定了出行计划，那么交通、天气和路况均不会让你改变计划	□	□
8	当你在驾驶过程中感到饥肠辘辘时，能够当机立断吃点东西以保证体力	□	□
9	驾驶汽车时，你喜欢欣赏沿途的风景吗	□	□
10	你有时会因时间不方便，而推迟车辆的维修	□	□
11	当其他驾驶人驾车速度缓慢时，你会感到烦躁有时甚至恼怒	□	□
12	当你饮用了少量酒时，你依然可以安全驾驶	□	□

续上表

		是	否
13	你认为驾驶汽车时服用非处方药是安全的	☐	☐
14	当你在驾驶汽车的时候，你会试图与乘客进行眼神的交流，以便让他们知道你在倾听他们的说话	☐	☐
15	如果其他驾驶人做了一些让你愤怒的事情，你会试图还击	☐	☐
16	你有时会紧跟前车直到他离开本条车道	☐	☐
17	你擅长同时处理多项事务，可在驾驶汽车时发短信或邮件并保证行车安全	☐	☐
18	如有需要，你会在行驶过程中去调节收音机音量的大小和空调的挡位	☐	☐
19	你让乘客自己决定是否系安全带，不会主动干预	☐	☐
20	你通常不会在出现疲倦或有困意时停止驾驶	☐	☐
21	如果后方没有来车时，你在转向或者变更车道时可能会不使用转向灯提示	☐	☐
22	由于时间紧迫等，你可能会在驾驶时进行梳头、剃须或者化妆等事宜	☐	☐
23	你的鲁莽驾驶行为是其他驾驶人的鲁莽行为引起的	☐	☐
24	你可能会认为座椅非常柔软，让你感觉不到任何颠簸的车辆是最适合驾驶的车辆	☐	☐
	总　　计		

结果分析　　　　　　　　　　　　　　　　　　表 1-2

结　果	驾驶人类型	分　　析
21~24 个"否"	防御型驾驶人	能够始终保持情绪的控制，对于驾驶危险有着很高的警觉，并能够非常周到的考虑到驾驶环境中的变化，有保护自己、乘车人和其他交通参与者的义务感
17~20 个"否"	安全型驾驶人	受到过良好的安全驾驶培训，驾驶技术娴熟，能够遵守法律法规的规定，能够为保护生命进行安全驾驶
14~16 个"否"	一般型驾驶人	能够遵守法律法规的规定，一般不会主动寻求对抗性驾驶。但有时也会为了节约时间和金钱，做出危险的行为
不足 14 个"否"	危险型驾驶人	有很高的潜在概率发生违法驾驶行为和交通事故。有着众多不良的驾驶习惯，而这些不良驾驶习惯将会置驾驶人、乘车人和其他交通参与者于危险之中

注：以上量表参考美国 DDC 教程。

可见最高安全级别的驾驶人就是防御型驾驶人，防御型驾驶人与安全型驾驶人的最大区别就在于，防御型驾驶人除了能够遵守法律法规的规定，不主动引发交通事故之外，还会时刻关注其他驾驶人的行为，不被动卷入由于其他驾驶人违法导致的事故当中，防御性驾驶的目的是避免发生或卷入交通事故。

一般来说，导致事故发生的主要原因包括车速和车距把握不当、行车中缺乏专注力、驾驶行为与驾驶条件不相适应、驾驶经验不足、应急反应不当、有交通违法驾驶行为、车辆检修不到位、汽车带病上路等，本书各章节将逐一诠释这些事故成因的危险机理和预防措施。掌握防御性驾驶知识和技巧，每一位驾驶人都能够从容面对复杂多变的驾驶任务，远离事故诱因，避免事故发生，本书的目的就是让你最终成为一名防御型驾驶人。

第二节 防御性驾驶的概念

防御性驾驶的核心理念就是"预防"，其包含一系列连锁的预防事故的技术方法，能够帮助你在繁忙交织的交通环境中正确的观察、思考并做出反应。做到防御性驾驶，视线会永远先于车辆"抵达"前方，不论路上的交通情景如何错综复杂，不论在什么地方驾驶，也不论驾驶的什么车辆，你都能做到提前观察、警觉，准确分析、判断，合理反应、操作。"驾驶在于眼睛和头脑"的论述，正是对行车中观察力、警惕性和思考决策能力的准确定位。及早发现险情、提前做好应对，给自己预留安全操作的时间和空间，永远都要比意外迫近时手忙脚乱更为稳健，也更为明智。

所谓交通事故，其实质就是两辆以上的机动车在同一时间"争夺"同一空间的冲突，结果必然以悲剧告终。搞清楚交通事故的本质属性，也就找到了预防事故的"钥匙"——保证自己拥有提前应对危险的时间和逃离险情的空间。防御性驾驶将行车中车辆周围的间隔区域视作"缓冲气泡"（图1-1），气泡的范围就是保持安全车距的要求，如果有其他车辆侵入气泡，就说明你的缓冲空间受到挤压，一旦出现险情有可能来不及应对。其实保有时间和空间的要求是相辅相成的，提前发现潜在危险就可以随时调整车辆以保有缓冲空间，而缓冲空间的存在又为提前观察情况提供了可能。

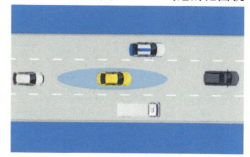

图1-1 车辆周围"缓冲气泡"

防御性驾驶最大的益处当然是预防交通事故。另外，还有提高通行效率和节约经济开支两方面的意义。

防御性驾驶

　　由于防御性驾驶是教你如何通过提前观察路面情况并提前做好准备的方式来预防事故的发生，因此，你可以更加全面、准确地掌握交通环境信息和其他车辆信息，有利于做出合理的分析和决策，调整车辆运行状态，回避拥堵、事故、交通冲突等负面影响因素，选择最优路线实现驾驶目的，相当于提高了通行效率，避免了不必要的行车损耗。

　　避免行车损耗，其实就是降低了驾驶人劳动力成本、燃油消耗成本、车辆磨损成本等经济开支，相当于提高了驾驶经济性，这是每一个大中型客货车驾驶人都无法忽视的优势。另一方面，防御性驾驶的提前观察、保有缓冲空间的安全理念，在实践中能够帮助你避免紧急制动、怠速驻车等无谓操作，不但节省油耗、降低车辆机件磨损，还能改善尾气排放量，节能减排一举两得。

　　强调预防为先的防御性驾驶还有一个"隐藏"的益处，那就是保持驾驶过程中的从容镇定和愉悦情绪。若行车中频繁遭遇险情，每次都要在千钧一发之际虎口脱险，这样的旅途会让人的心情大打折扣？

第三节　防御性驾驶的安全原则

　　安全驾驶仿佛置身于横纵交错的魔方中（图1-2），既要保证驾驶任务的顺利达成，又要兼顾驾驶环境的风险因素，还要考虑其他交通参与者可能出现的错误。魔方一旦转动，安全驾驶的要求将变得错综复杂，每一种实际可能出现的情况都要求你做出良好的应对，这显然无法逐一赘述。幸运的是，通过大量研究分析，共总结出八条基本原则要求，如果你能够理解并应用好这些理念和方法，将有助于你在面对不同的行车状况时做出正确的反应。

图1-2　横纵交错的交通环境

1　保持足够视距

　　虽然汽车发明至今已经超过150年的历史，但是相比于人类漫长的进化史仍旧显得短暂而渺小。我们的眼睛是天生适应步行速度的（5~6km/h），而许多驾驶人行车中的视线并没有从步行的观察习惯调整过来，他们只观察车前非常有限的一段距离，这会严重影响全面获取路面信息的效率。研究表明，在城市交通环境下每安全驾驶1公里，大脑需要做出72项决策。而这些决策的正确性，很大程度上取决于路面信息获取的数量和质量。实际上，我们具备远距离观察的能力，大脑对信息的处理能力也几乎没有上限，一些驾驶人行车中的"鼠目寸光"，并不是他们不能，而是他们还不了解遥望远方的重要性。

普通驾驶人的前视距离只有3~6s车辆行驶距离那么远，这就是说，如果车速为70km/h（19m/s）时，他们的前方视距仅有60~110m，100km/h（28m/s）时只有80~160m。这样的观察提前量过低，会导致驾驶人获取信息的时间不足，一旦发现险情无法及时做出决策并安全应对。那么多远的前视距离才能达到要求呢？美国史密斯体系推荐"15s提前观察量"，也就是行车中前视距离为15s的车辆行驶距离，你可以通过数秒的方式来确定，选定前方某一固定位置（如广告牌、电线杆等），保持正常车速看看几秒钟后可以到达该处，以此来了解15s的提前量大概是多远。如图1-3所示，一般驾驶人观察习惯和防御性驾驶推荐的前视距离在不同车速下存在差别，观察提前量过低的后果是你只能观察并处理临近的情况，通常导致在最后时刻才进行变更车道和紧急制动。如果你对数15s的方式难以适应的话，也可以使用"乘四法则"，即你的当前车速（km/h）乘以4，就是你需要保持的前视距离。

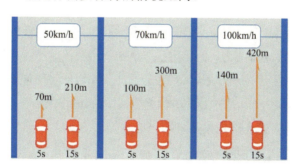

图1-3　不同车速下防御性驾驶人与一般驾驶人前视距离

保持较大的前视距离，除了可以让你全面、及时地发现潜在危险以外，还有助于你平顺操控车辆，避免无谓地加速和减速，减少停车的机会。减少停车对于日常行车的意义重大，实际上这也是防御性驾驶的若干原则性目标之一。城市交

防御性驾驶

通环境行车中遥望远处的交通信号灯变化，可以有效预判车辆驶近时所处的通行秩序（通行或等待），从而选择合理车速，避免频繁加减速或停车，不但可以节省燃油，减少制动器、变速器、轮胎等磨损，还可以保持车辆始终处于运动状态，一旦发生险情可以第一时间做出躲避的操作。

> **如何养成观察远方的习惯？**
>
> （1）抬高视线。视线观察位置应该在所驾车 15s 后达到的位置。
>
> （2）提前确认前方的潜在危险，留有充足的时间做好必要的规避准备。
>
> （3）遥望远处的交通信号灯情况，合理调整车速，避免不必要的加速、减速和停车。
>
> （4）通过观察前车来判断前方路况，前车减速停车说明前方可能出现问题。
>
> （5）夜间行车时，视线应观察到比前照灯光束更远的位置。

2 观察周围环境

驾驶机动车是件严肃的事情，需要注意视野中不断变化的各种细节，保持视野开阔，才能做出正确的决策，并合理应对。你在驾驶过程中所做的每一个动作都是基于眼—手或者眼—脚的协调配合。尽管你驾驶的时候会使用你所有的感知，但是驾驶车辆所需的信息超过 90% 是通过眼睛观察得到的。你的观察质量主要体现在两个方面：一是速度感知能力；二是辨识车辆与周边物体的位置关系。原因是显而易见的，如果你不能感知到危险或者危险的预兆，那么你将很难避免事故的发生，如果你不能正确的评估你与周边物体的位置关系，那么你将很难给自己留出安全空间。

开阔的视野中能观察到很多事物，准确筛选出那些与行车安全相关事物至关重要。行车过程中，许多固定物（比如树木、广告牌等）对行车安全基本没有影响，一般不需要过多的关注；然而，对于交通信号灯、路边停靠的车辆这些可能直接影响行车安全的固定物，你必须给予更多的关注。在路上和路边移动的事物，一般来说都是与行车有关的，比如车辆、行人、动物乃至汽车从隐藏的位置投射出来的灯光、影子，都有可能影响安全行车。凡是能让你做出反应的事物，都是重要的。对于日常行车中需要获取的各种交通信息来说，保持足够的前视距离只是安全观察习惯的一种。观察周围环境，既包括对前方情况的有效观察，还包括对侧方和后方情况的有效观察。防御性驾驶建议每 5~8s 观察一次后视镜，检视车辆两侧及后方的路面信息，可以说，后视镜的观察范围基本涵盖了行车中"缓冲气泡"的近一半的区域，频繁保持对车辆周围情况的警惕性，才能在意外情况刚开始出现时就能提前做好准备。至于哪边后视镜应该给予更多观察，要根据所处车道、驾驶任务、天气状况、装载情况等确定。对于初学防御性驾驶的你来说，每 5~8s 观察一次后视镜的确不是一件舒服的事情，但是你一旦能够克服惰性，将它养成一种习惯，就不会再感觉到额外的负担。全世界范围内数百万防御型驾驶人都经历了这样一个习惯养成的过程。

任何车辆都存在视野盲区（图 1-4），但是对于大中型客货车来说，盲区的影响要更大一些，一旦忽视了盲区内的其他车辆或行人，可能酿成难以挽回的惨剧。

图 1-4 盲区

驾驶盲区通常分为静态盲区和动态盲区，静态盲区主要包括车前盲区、车后盲区、车辆两侧盲区、车辆上下部盲区；动态盲区主要包括会车盲区、超车盲区、转弯行驶盲区、环境盲区。

（1）车前盲区：从驾驶位置向前看，车辆正前方会有一定的盲区，起步时要注意盲区内有无其他人或物，确保前部空间绝对安全。

（2）车后盲区：车后盲区通常较大，行车时应尽量减少倒车，如需倒车则必须确认后方安全。行车或准备停车时，也要注意车后跟随的车辆，随时注意后车行驶状态，避免被追撞。

（3）车辆两侧盲区：车辆外后视镜前下侧有盲区，外后视镜的外侧会有一定的盲区，改变行驶方向时要注意两侧的盲区内是否有其他障碍或车辆靠近。

（4）车辆上下部盲区：主要是指使车辆正常通过的垂直面内车辆上下部的空间。行车过程中，要注意上下部是否有影响车辆安全通过的人或物体，如限制高度的桥梁、半空悬吊的物体、路面的凸起或坑洼、车底部的儿童、动物或其他物体等。

（5）超会车盲区：无论是超越前车还是与对向的车辆会车，驾驶人往往看不清前车或来车的前后情况，所谓"超车头、会车尾"（图1-5），就是在超越同向行驶的汽车时一定要注意它的前部，因为看似慢吞吞行驶的车，其实有可能正在避让行人。而与对面来车会车时则需注意它的尾部，因为那里也可能会突然蹿出横穿马路的行人，此时你如果贸然加速很有可能发生危险。

（6）转弯盲区：车辆在转弯时，前内轮转弯半径与后内轮转弯半径有个差值区域，这个区域是驾驶人视线的盲区，客车、货车、清障车等车身比较长的大型车辆的内轮差会更大，一般会多达2m，往往车头转过去了，长车身还没有完全转过来，"内外轮差"（图1-6）的盲区就成了"死亡地带"。

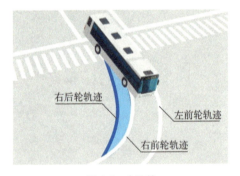

图1-5　超车盲区　　　　　　　　图1-6　内轮差

（7）环境盲区：驾驶机动车通常会经过山区、坡道、丛林等视线容易被遮挡的区域，在这些区域中就会形成视野盲区。

如何保持视野开阔？

（1）保持360°持续观察能力，获取行车决策所需的全部路面信息。

（2）每5~8s检视一次后视镜，根据行车实际选择重点关注的方向。

（3）视距不良时可酌情增大跟车距离。

（4）避免视线遮挡，养成远离可能遮挡视线车辆的习惯。

3　视线持续移动

行车中为了获得开阔的视野，你必须通过频繁的扫视观察车辆前、后、侧方，然而保持视线持续移动的作用还远不止于此，视线移动可以激发全部的视觉潜力，并且使大脑始终处于活跃状态。为了说明这一道理，我们必须先从眼睛的工作原理说起。

我们拥有两类视觉：外周视觉和中心视觉。外周视觉负责察觉那些不明确的事物，而中心视觉则是对具体感兴趣的事物进行观察确认，因此我们常常依靠余光去"感受"，感受以后必须通过转动眼球或头部才能"看到"。绝大多数驾驶人在目视前方的时候，对左右90°（即180°）范围内的事物都有察觉能力，但实际上只有3°左右的中心视觉才具备清晰观察的能力。换句话说，一个人的视野范围内只有3°能看清"是什么东西"，余下177°都只能判定"有没有东西"。为了保持外周视觉范围内察觉事物的有效性，你必须保持持续频繁的视线移动，否则只运用中心视觉来观察路况，对外周事物的观察就会显著不足。

保持视线持续移动更重要的意义在于让你的观察保持警觉、思维保持活跃，如果持续注视某一点的话，那么你对外周事物的观察效果会越来越差，尤其是边界以外的事物。驾驶人的外周视觉作为初期预警系统，对视野范围内不断变化的情况时刻保持察觉，这种初期预警系统主要被颜色、动作和光线所触发。但是，如果长时间凝视某一事物时，那么外周视觉将不再起到收集信息的作用，也就是说，当眼神放空的时候，眼睛虽然看到事物，但大脑已经不会对看到的事物进行分析决策了。当视线集中在某一点超过2s以上，或者仅仅是不再大幅度扫视的时候，就有可能发生凝视或放空的情况，随之出现观察、思考能力的损失。

日常行车中，驾驶人在交叉路口排队等候交通信号灯的时候，中心视觉主要集中关注信号灯的情况，持续盯着信号灯的状态越久，外周视觉的察觉能力损失越严重。绿灯亮起时，如果驾驶人只是简单的目视前方加速通过，而没有扫视车辆周围情况，那么就有可能与交叉路口内的其他车辆发生碰撞，这是因为外周视觉的察觉能力受损，驾驶人无法察觉到车辆周围移动的其他事物。

防御性驾驶

> **如何保持视线持续移动？**
>
> （1）保持视线至少每2s移动一次，快速扫视保持有效观察能力。
>
> （2）避免凝视固定目标2s以上，行车中切忌凝视或放空状态。
>
> （3）通过交叉路口时向左向右再向左扫视，左边通常威胁较大应扫视两次。
>
> （4）不要分神，乘车时也不要让别的驾驶人这么做。

④ 保持缓冲空间

安全驾驶在很大程度上取决于你的警觉度和观察能力。你必须保持对车辆周围的状况了解，同时能预见马上可能会发生的事情。合理观察可以给决策留有足够的时间，除了时间的提前量以外，空间的提前量也是必需的。你必须将行驶的车与周围留出一定的空间，当你操作失误时，足够的空间能提供给你足够的时间去思考和行动。空间就是你的"余地"，也是险情突然发生时缓冲逃生的机会。前文讲述的三个要点能够让你确保对驾驶环境的有效察觉。但是，如果在险情发生时没有足够的逃生空间，那么这种察觉能力也是无用的。

保持缓冲空间对预防事故发生具有非常显著的作用。这个理念要求你能够在不断变化的交通环境中，随时根据情况调整行车状况。行车中保持缓冲空间，能够让你有充分时间应对交通流和交通环境中的突发事件。

当周围没有其他事物时的位置是最安全的，缓冲空间就是为了达成周围没有其他事物的目标，降低危险发生的可能性。如果有其他车辆驶入你的附近导致缓冲空间变小，要有警觉意识，通过调整车速和车辆位置以重获缓冲空间。我们需要养成两个重要的习惯：一是时刻保持自己有缓冲空间，二是拥挤时会有不适感。

防御性驾驶建议保持4s以上的跟车距离，简称"4s法则"。计算跟车距离的方法也很简单，如图1-7所示，当前车车尾驶过某一固定参考点（如广告牌、电线杆等）时开始数数："1001、1002、1003、1004"，如果在数到第"1004"之前你的车已经驶过该参考点，那么说明你跟车距离过近了。

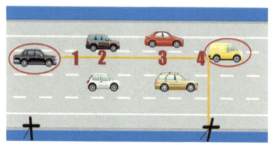

图 1-7　4s 跟车距离

行车中遵守 4s 法则,保持跟车距离,有时候会给其他车辆穿插驶入前方空当带来机会,看上去似乎那些插入你车前空当的驾驶人是占了你的"便宜",耽误了你的行程,这时候该怎么办呢?我们的答案是:允许他们插入,调整车速重新恢复 4s 的跟车距离。不妨这样考虑:如果为了防止他人插入车前空当而缩短跟车距离,导致你的视野受限,注意力分散,驾驶安全性降低,那就相当于是那些企图穿插的驾驶人"逼迫"你做出跟车过近的决策,相当于他们代替你驾驶你的机动车,如此一来,你承担了不必要的风险和压力,安全受到影响,却并未节省时间,这才是真正被占了便宜。

除了跟车距离,你还要保持侧部和后部留有足够的缓冲空间,当其他车辆跟车过近时,可以通过配合他们超车、改变车道等方式保证自己的缓冲空间。

如何保持缓冲空间?

(1)在己车的前部、后部和侧部留有缓冲空间,前方跟车距离不少于 4s 行驶距离。

(2)交通拥堵无法保证 4 个方向的缓冲空间时,争取确保前方和一侧的缓冲空间。

(3)避免其他车辆跟随己车过近,可以配合他们超车,必要时通过变更车道配合超车。

(4)尽量不要在车阵中行驶,主动"逃离"车阵寻找开阔地带行车。

(5)停车等候时与前车留有一辆车的空间(5m 左右),视线应能看到前车后轮底部。

(6)作为头车等候信号灯时与停止线保持 5m 左右距离,防止被追尾撞入交叉路口内。

防御性驾驶

5 有效使用信号

在许多种情况下,其他交通参与者可能进入你所在车道并造成灾难性的后果。驾驶人驾车时不仅要仔细观察周围环境的变化,也要尽早让别人发现或注意到你,及时让其他交通参与者了解你的行车意图。为了保证安全性,你应该发出信号进行信息沟通,信息沟通的目的是让对方知道你的存在,领会你的意图。此时,你可通过声、光、手势、眼神等方式确保他人看见你。

作为一名有经验的驾驶人,应该时刻保持警惕,提前发现险情并利用多种方法向周围的人或车发出提醒信号。正确使用信号提前示意自己的驾驶意图,不要在动作开始后才开始示意,避免让他人措手不及。你应该先从其他道路使用者的反馈中确认自己的行为已被他们知晓,如果没把握,就不要贸然做出改变车速、变换车道等行为。

如何有效使用信号?

(1)鸣喇叭:轻按一两下喇叭通常可以帮助交流,但是长时间连续鸣喇叭容易激怒别人。

(2)前照灯和制动灯:提醒他人己车的存在或即将减速停车。

(3)打手势:停车等待时可通过手势示意其他驾驶人、行人先行,表达自己的意图。

提示:

为了让其他驾驶人注意到自己,一些驾驶人当突然遇到前车减速或下大雨时,会将危险报警闪光灯打开,以便让后方车辆更容易看到己车。不过,由于危险报警闪光灯与转向灯是共享的,所以当危险报警闪光灯打开时,转向灯就会失去作用。因此在开启危险报警闪光灯后,若需要变换车道或转弯,应先将危险报警闪光灯关闭,利用转向灯表明自己的换道或转弯意图,避免引起其他驾驶人的误判而发生危险。

6　合理控制车速

机动车作为高速运动的交通工具，其行驶速度和相对距离往往是驾驶人容易忽视的关键因素。道路交通环境蕴藏着大量的有效信息，只有充分掌握瞬息万变的路况条件，才能在危险到来之前做好准备。你应该试着把行车中不断变换的前方视野想象成为一幅逐渐展开的画卷，那么画卷展开的速度无疑就是你选择的行车速度。更高的车速在带来行车效率的同时，也带来了单位时间内更大量的路况信息，而这些信息只有经过准确而及时的处理并用于驾驶行为决策，才能确保你始终处于安全的境地。所谓"合理控制车速"，简单地说就是根据你自身接受和处理路况信息的能力选择适合你自己的行车速度。

在行车过程中，约有90%以上的交通信息依靠视觉获得，而在这其中约95%的视觉信息是动态的。通常，你的视野范围会随着车速的提高而变窄，如表1-3所示。

不同车速下驾驶人的视野范围　　　　　　表1-3

速度（km/h）	40	60	70	80	100
视野范围（°）	100	75	70	60	40

除此之外，你的动态视力也会随着车速的增加而下降，如表1-4所示，动态视力的下降会缩短你的视认距离，如当车速是60km/h的时候，你可看清240m处的交通标志，当车速提高到80km/h时，你连160m处的交通标志都看不清楚了。

车速与动态视力关系　　　　　　表1-4

速度（km/h）	0	10	30	50	70	100
动态视力	1.2	1.0	0.8	0.7	0.65	0.4

在行车过程中，距离车辆越近的物体，相对于车辆的旋转角速度就越快，其反映在你眼中的映像就越模糊，你就越难以分辨清楚。实验表明，当汽车行驶速度为64km/h的时候，你能看清24m外的路边物体，当汽车行驶速度为97km/h的时候，你只能看清34m外的路边物体了，比上述距离还近的物体几乎是不能清晰识别的。因此，车辆在高速行驶的时候，一旦在很近的距离上出现危险情况，你将很难辨认险情。

防御性驾驶

驾驶人动态视觉的影响因素

由于驾驶人处在一个动态的交通系统当中，影响驾驶人动态视觉的因素有很多，主要有以下几点：

（1）相对速度。车速不仅影响驾驶人的视野而且决定了周围物体的相对旋转角速度，当车速上升的时候，动态视觉特性变差。

（2）年龄。驾驶人的动态视觉特征是眼睛和眼肌系统综合功能的体现，因此，年龄对于动态视觉特性的影响是非常明显的。研究表明，驾驶人静视力从46~50岁开始出现显著下降和正常衰减两种趋势，而动视力则从36~40岁开始显著下降。

（3）交通对象的颜色、照度。交通对象的颜色对动态视觉有很大的影响。驾驶人在静止状态、运动状态下对交通对象的颜色的敏感程度不同。例如，在运动状态下，蓝色的交通对象容易被识别，而在静止状态下，人眼对蓝色的交通对象最不敏感。交通对象的照度对动态视觉也有比较大的影响。通常，照度越强的物体越易被驾驶人的动态视觉所感知。

（4）驾驶环境。驾驶环境对动态视觉同样有着比较大的影响。良好的路面状况、合理的道路线性以及设计良好的路面景观都能够改善驾驶人的动态视觉。

（5）生理状态。影响驾驶人驾驶的生理状态包括饮酒、疲劳、患病等，这些都能够使驾驶人的动态视觉特性变差。

"十次事故九次快"，这是众所周知的道理。然而，在车速选择的问题上，还有一些真实存在的规律是很多驾驶人并不熟悉或不重视的。了解并接受这些客观真实存在的规律常识，对于保证安全行车来说非常必要。速度错觉实际上属于一种惯性错觉，由于驾驶人是根据观察到的景物移动相对参照物来估计车速的，景物移动的多少和丰富程度会导致对车速的不同判断，因此，在市区道路上对车速易于估高，在原野道路上易于估低；在加速时易于将车速估高，减速时易于估低；长时间以某一速度行驶后会对该速度适应，甚至会下意识低估真实的行车速度。因此，有意识地克服持续高速行车带来的"速度麻痹"，始终以车速表而不是感官判断来控制车速，是非常重要的要求。

> **提示：**
>
> 十次事故九次快，人非圣贤孰能无过，超速将放大犯错的影响。
>
> 车窗外风景变换，速度感官体验并非永远可靠，所以要信赖车速表的数字。
>
> 高速并不是什么英雄气派，道路上真正的英雄永远是安全抵达目的地的人。

7 平和礼让行车

道路交通仿佛生态环境一样，对于摩托车、电动自行车和行人而言，平时我们所驾驶的轿车就像是上层食物链的野兽，而在它们面前，大中型客货车就是不折不扣的拥有钢筋铁骨的巨型怪兽。德国著名汽车机构 ADAC 实验显示，在不同尺寸、质量的车辆之间发生碰撞时，质量大的车辆具有显著的被动安全优势，哪怕那些小型汽车是造价不菲的名牌轿车也不行。安全礼让行车，其实已经超越了普通意义上的遵纪守法要求，而是更高水平的驾驶文明要求，或者说一种驾驶人的道德修养要求。

在城市道路或公路行驶的过程中，经常会遇到车辆穿插抢行、行人和非机动车随意横穿道路等现象，特别是大中型客货车，由于驾驶室相对较高，车辆尺寸较大，视野盲区更多，且车辆操控不如小型汽车那么敏锐，在这种情况下，更容易卷入交通事故。许多驾驶人对其他道路交通参与者的违法行为、驾驶陋习非常深恶痛绝，甚至选择开斗气车的方式以暴制暴，这些都是无谓的怒火，对保障安全行车毫无益处。下次再遇到类似的情况时不妨这样想一想：弱小的行人、非机动车，甚至是小型汽车为了在繁忙的交通环境中"生存"下来，有时候的确会采取一些违背规则甚至看上去有些自私自利的方法。我们作为强势的一方，在保证自身遵纪守法行车的同时，面对他人的不良表现，保持一份宽容的心态，少一些对抗的情绪，不仅对于我们自身安全行车大有裨益，更是对生命的一种尊重。

防御性驾驶

提示：

道路交通环境就是社会，能力越高责任越大，特别是大中型客货车驾驶人应该有担当、有包容。

法律法规的最终目的是保护生命，即便路权在你优先，也要"有理让三分"。

驾驶就是做人，宽容他人的同时也是自身修养的提升，更何况还有安全的"红利"。

8 一心不可二用

驾驶机动车就是在时间和空间上不断做出决策并付诸实践的行为，而交通事故则是多个交通参与者同一时间"抢夺"同一空间的后果。防御性驾驶的经典论断指出，安全驾驶不仅在于手和脚的操纵灵活，而在于眼睛和头脑对危险情况的预防，强调了有效观察和正确决策对于驾驶机动车的重要地位，那么驾驶中分散注意力则是典型的负面影响因素。

我国机动车发展历程较短，新中国成立以后很长一段时期内车辆并非寻常百姓所能接触，驾驶人作为一个职业因非常稀缺而光荣，从事驾驶工作时分散注意力的事项较少，分心驾驶问题并不突出。随着国民经济的快速发展，机动车逐渐进入百姓家中，越来越多的普通群众加入到驾驶人大军中来，驾驶已逐渐成为人们日常生活中的普通组成部分。日常行车谁也不可能从始至终地保持全神贯注，不过应该尽量避免分心驾驶。如果分神了一小会儿，错过一条重要的提示信息，那么后果可能会很严重。分心驾驶有很多种方式：也许是个人问题牵扯了注意力，也许是看了一眼路侧的人或事，也许是跟别人情绪激烈的交谈，还可能只是突然要从旁边的座位拿过来一个东西。这些事情直接影响驾驶人对路况信息的观察和处理效率，致使驾驶人的视线和思绪不在驾驶任务上面。车载装备的使用同样可能造成分心驾驶。驾驶人一边开车，一边分心去摆弄电话、广播、导航以及其他车载设备，其实是自找苦吃。每天都有驾驶人由于分心驾驶而死于交通事故，看了那么多悲惨的案例，驾驶车辆还不值得你全神贯注吗？

提示：

（1）防御性驾驶的前提是充分有效的观察，分心驾驶将直接影响观察效率。

（2）分心驾驶对行车安全的影响是随机的，有责任的驾驶人不应抱有侥幸心理。

第二章 防御性驾驶的基本要求

防御性驾驶作为高级驾驶技能，要求更有效的观察、判断和反应，所有的这些行为都离不开驾驶人良好的生理机能和心理状态、同时也离不开良好的车辆性能。本章阐述了防御性驾驶对驾驶人状态和车辆运行状态的基本要求，并结合客货运输特征，对于大中型客货车的安全运输提出了基本要求。

第一节 保持良好的安全驾驶状态

驾驶人自身的安全要素将直接决定行车中驾驶行为、关注度、安全意识的水平，处于危险状态的驾驶人即便掌握了防御性驾驶的具体技术，也不可能发挥出主动安全防护的驾驶能力。

1 杜绝酒驾和药驾

关于酒驾和药驾，我们首先必须清楚这些行为是违法的，一旦发生将面临法律的制裁——这不是安全理念的倡导，而是严肃的法律要求！我国法律规定，驾驶人血液酒精含量超过 20mg/100mL 视为酒驾，超过 80mg/100mL 视为醉驾，服用国家管制的精神药品或者麻醉药品同样不得驾驶机动车。然而，防御性驾驶对驾驶人饮酒和服用药物的要求更加严格——酒精零容忍！同样，服用任何影响驾驶机能的药物都不得驾驶机动车！

关于酒驾，相信你已认可它对驾驶行为的负面影响，然而低于酒驾认定标准的酒精饮用量往往容易被忽视。澳大利亚研究机构的成果表明，血液酒精含量达到 5mg/100mL 的驾驶人，其驾驶风险将提高 1 倍；血液酒精含量 8mg/100mL 的将提高 7 倍；血液酒精含量 15mg/100mL 的将提高 25 倍。一切驾驶风险的研究成果都是概率论的，也就是说谁也不能保证某种驾驶风险在某次行车中是否发生，我们能做的就是让风险因素不要存在。药物对驾驶行为的影响相对来说更加复杂（表 2-1），精神药品或者麻醉药品无疑将直接妨碍正常的精神状态和行为习惯，除此以外，服用一些具有嗜睡效果的药物（如感冒药）同样会降低驾驶人的反应速度和注意力。对于服用药物后驾驶机动车的行为，防御性驾驶建议您根据实际感觉选择是否出行，毕竟决定能否安全驾驶的根本在于驾驶人本身。

影响安全驾驶的药物　　　　　　　　　　　　　　　　表 2-1

药物类别	主要成分	对驾驶的影响
抗过敏药	扑尔敏、苯海拉明、异丙嗪、敏可静等	对中枢抑制作用显著，可引起倦怠、嗜睡、头晕、头痛、口干、恶心、呕吐及上腹部不适等不良反应
镇定催眠类药	安定、安宁、安眠酮、氯硝安定、佳静安定等苯二氮药物	对中枢神经系统有广泛的抑制作用，该类药物也常用于抗焦虑药
抗抑郁类药	多虑平、丙咪嗪等	服用后可出现口干、视力模糊、乏力、肌肉震颤等不良反应
解热镇痛药	芬必得、水杨酸钠、布洛芬、阿司匹林、安乃近、非那西汀、氨基比林等	服用后会使人的视力、听力、注意力减退，反应能力、动作协调能力下降，使人疲倦、瞌睡或头晕
止痛药	吗啡、杜冷丁、可待因、颅痛定等	服用这类药物之后，常常会出现眩晕、恶心、嗜睡、幻觉等不良反应，长期使用还可能会成瘾
降血糖药	胰岛素和磺酰脲类	高血糖患者降糖药选用不当，会出现药物性低血糖反应，如心悸、头晕、多汗、虚脱等，驾驶人使用降糖药物要得到医生的指导
抗高血压药	利血平、可乐定	服用后会出现嗜睡、头晕等不良反应
抗心绞痛药	心痛定、消心痛、硝酸甘油制剂等	这些药物会扩张血管，从而导致头痛，还会因眼内压、颅内压升高而导致视力不清、头晕乏力等，容易造成判断失误
抗生素	链霉素	可出现头痛、眩晕、耳鸣，感到周围物体发生旋转性或波浪性运动，致使平衡失调
保健品	褪黑素（脑白金的主要成分之一）中药天麻	褪黑素对神经中枢有抑制作用。天麻含有作用于中枢神经系统的天麻素，该成分具有显著的镇静催眠作用

完全避免饮酒或者服用药物显然是不可能的，我们能做的只有割裂这些危险因素与驾驶行为的联系。缓解酒精或药物作用的方法只有一个：时间。或许你还听说可以通过洗澡、喝咖啡甚至吃饭的方法来消除负面影响，但防御性驾驶告诉你，这些都是徒劳无功的。

防御性驾驶

2 避免疲劳驾驶

疲劳驾驶是由于驾驶人连续、长时间单调环境以及夜间驾驶，心理机能和生理机能下降，而导致驾驶人无法及时获取或处理安全行驶必要信息的危险驾驶行为。疲劳驾驶是一种严重的社会问题，它不仅会影响自身安全，还会危害其他道路使用者，引起了各国政府的高度重视。但目前缺乏有效的检测与防止疲劳驾驶的技术手段，为减少疲劳驾驶造成的事故，各国普遍采取的措施是限制驾驶人的驾驶时间。我国法律明确规定机动车驾驶人不得"连续驾驶机动车超过4h未停车休息或者停车休息时间少于20min"。所以说出现连续驾驶超过4h或者停车休息时间少于20min情形的都将按照疲劳驾驶查处。疲劳驾驶是一种无法控制的睡眠需求状态，也是我们最无法抗拒的生理驱动因素之一。驾驶人不能"假设"自己可以不眠不休，不管他们有多么专业或者兴致高昂。人体自身就有一个天然的"节拍器"，调节大脑释放出荷尔蒙激素。这种激素在每天的两个时段强烈地驱使我们去睡觉：下午2时到4时，以及午夜到早上6时，这也就不奇怪为什么大多数疲劳驾驶事故都发生在深夜或者清晨了。

尽管法律明令禁止疲劳驾驶，但是很多驾驶人在感到疲劳之后仍然继续驾驶（图2-1）。个人问题、睡眠症状、时间因素以及许多其他问题都有可能加重疲劳驾驶情况，从而造成严重后果。当驾驶人疲劳时，对周围环境的警惕性就会下降，反应时间就会变长，还会影响短期记忆力，决策能力以及处理重要信息的能力。有时候驾驶人会处在一种"微睡眠"的状态，每隔一会儿就会打瞌睡，短时间内对周围环境几乎没有任何警惕性。在这种情况下，驾驶人很可能把车辆开出路外、错过转弯处或者忽视了重要的提示信息。请记住：睡眠是没有替代品的。到安全的地方停车休息一会儿，打个盹，或者下车溜达溜达，都比跟睡眠的欲望抗争更有效果——那是一场你不可能获胜的战斗。

图2-1 疲劳驾驶

3 做好情绪管理

我们都应该知道自己的情绪或精神状态，因为它们可能会影响我们的驾驶行为。日常行车中什么会让你变得生气或紧张？产生不良情绪时驾驶表现会出现怎样的变化？作为一名合格的驾驶人，这些问题的答案应该时时存于脑海中。

1）愤怒和压力

愤怒是一种精神状态，可能会在驾驶过程中反映出来。我们都认为自己可以控制自己和车辆，然而实际上我们经常会受到其他驾驶人的影响。与此同时，我们也容易以同样的方式影响其他驾驶人。压力是另一种可能影响行车安全的精神状态，在日常生活中我们都会有压力，但是也应该明白违法驾驶或交通事故除了徒增压力外，没有任何益处。

2）攻击性

很多时候身体状况或精神状况可能会导致攻击性驾驶行为，所谓攻击性驾驶其实就是驾驶人对环境条件出现的过激反应。

驾驶的目的是安全抵达目的地。日常行车中应保持平和镇定，尝试与其他交通参与者共同分享道路。攻击性驾驶会产生更多的攻击性驾驶行为，以暴制暴永远都是最糟糕的选择。如果你可能会迟到，提前打个电话，就会放松一些。如果感觉即将失控，停下车，试着去想想其他的事情以分散注意力，所谓"路怒症"，往往就是持续关注令人不悦的事情造成的。建议避免在精神状态不好、心态失衡时驾驶机动车。

4 预防突发疾病

在驾驶过程中突发疾病，对任何驾驶人来说都是一件十分危险的事。但是遗憾的是，驾驶过程中突发疾病似乎更加集中在大中型客货车驾驶人群。他们往往从事客货运输业，工作时间长、工作压力大、精神高度紧张，且长期饮食作息不规律，很容易患有高血压、心脏病、颈椎病、肠胃炎等常见疾病。另一方面，从事道路运输的驾驶人为了保留工作机会往往忽视身体健康，有时甚至瞒报病情，成为道路交通安全的巨大隐患。

因此，驾驶人，特别是从事道路运输的职业驾驶人应该多加留意自己的身体状况，定期参加体检，发现疾病应该及时治疗，因为你的健康不仅关系到你自己，还有其他车辆、乘客的生命安全。

5 避免分心驾驶

我们先从一个故事讲起：事态紧急！小王就要迟到了，而且还有重要的业务要谈。焦急中他不断加速超车，所幸还能通过手机联系客户（图2-2），即便迟到也要保持应有的礼貌嘛。他从副驾驶座找出电话，低头寻找客户的名片，然后拨号……记忆戛然而止。两天后小王在医院醒来，关于事故发生前他只能回忆起这些内容了。他还算幸运，虽然错过了会议，总算保住了性命。

图2-2 开车时接打电话

研究表明，行车中使用手机的交通事故发生率是不使用手机的4倍。在城市交通环境下每安全驾驶1km，大脑平均需要做出72项决策。准确而及时的决策要求我们必须观察并处理大量的信息，且这些要求都是周而复始的，每1km、每1h都在重复，从不停止。日常行车似乎是个例行公事的任务，然而一次手机通话造成的分心驾驶，就有可能把看似稀松平常的一次出行瞬间变成永生难忘的痛苦梦魇。

（1）安全驾驶不易，分心驾驶更难。

驾驶机动车需要频繁快速地做出决策，不管旅途长短，都不能有丝毫懈怠，否则极有可能付出惨痛的代价。导致分心驾驶的行为有很多，如拨打、接听电话、收发短信等，这些都会让驾驶人分散本应该给予驾驶的全部注意力，即便是优秀的驾驶人也难以避免。分心驾驶时视线通常不再保持移动，那么大脑也不再有效地处理信息，犯错的概率就大幅增长，事故的发生也就在所难免了。

绝大多数驾驶人都承认驾驶时接打电话可能会分散注意力，但如果有接打电话的需求，应尽量做到通话简短——然而遗憾的是，哪怕是简单的交谈都会分散驾驶人的注意力，更不要说紧张的、详细的或者充满情绪化的对话对驾驶人的负面影响了。当驾驶人经历气愤、高兴、焦虑等谈话情绪时，他们的驾驶行为就会发生变化，而且通常是糟糕的变化。更糟糕的是，有的驾驶人为了找到手机甚至解开安全带，这无异于雪上加霜。还有的驾驶人边打电话边找与之相关的材料，只是偶尔看两眼交通环境，仿佛驾驶只是"随手捎上"的一件事而已。其实这些都是非常危险的分心驾驶行为。

（2）5s 有多长？30s 呢？

如果这么说还不够明确的话，那么不妨转化为一组数字，来看看边开车边打电话有多大的安全隐患。当车速为 40km/h 时，假设驾驶人花 5s 在手机上输入号码，这期间他行驶了 56m，且并没有更新车外交通环境的信息，潜在风险可想而知。再比如车速 60km/h 时，进行一次 30s 的通话，如果这段时间内驾驶人都没有认真检视后视镜、预判其他车辆的动态、提前观察交叉路口情况，那么也就是说，该驾驶人在没有进行有效观察的情况下，汽车行进了 500m，如遇紧急情况又怎么能做出及时准确的反应呢？当驾驶人在接打手机时，他们就很少继续保持规范的驾驶习惯了。驾驶时使用手机是个严重而又普遍的问题，世界各国都在积极制定防止分心驾驶的法律法规。一些国家由于分心驾驶导致的伤亡过于严重，已经完全禁止车内使用手机了。

（3）靠边停车，值得吗？

尽管日程紧张、时间紧迫，但还是值得这么做。靠边停车接打电话并不需要很多时间。边开车边打电话，相当于同时分散了驾驶机动车和与人通话的注意力，同时削弱了两件事情的效果。与其说靠边停车是我们的强烈建议，还不如说这是唯一一种在车内使用手机的安全做法。如果停车打电话不切实际的话，那么至少不要在驾驶车辆过程中同时输入手机号码。研究表明，输入手机号码比手机通话对分心驾驶的影响要高得多。另外，千万不要解开安全带或者离开驾驶位去拿手机。打电话报告事故情况或者车辆故障时，也要停车后再打，因为这些报警电话通常会要求您提供详细信息，这个过程更会分散注意力。

快捷的移动通信会成为我们生活中越来越重要的组成部分，不幸的是，移动通信技术在方便生活的同时，也会对交通事故伤亡做出"贡献"。接打电话给精神层面带来的负担，有时候足以把小小的交通问题转化为死亡事故。这些事故毫无意义，而且本来可以避免。对于大多数人来说，驾驶就是日常生活中最危险的事情，当坐在驾驶室里时，伤亡的可能性远大于生活中的其

第二章　防御性驾驶的基本要求

防御性驾驶

他方面。好的驾驶人之所以能降低风险，就是除了锻炼出更好的驾驶技能，更重要的是能够做出更明智的决策，而这些明智的决策中，就包括安全、负责地使用手机。

第二节 保证良好的车辆运行安全条件

工欲善其事，必先利其器，良好的车辆运行条件是你安全抵达目的地的条件之一。即便是最优秀的驾驶人，也不可能通过驾驶技术解决车辆自身的安全故障。行车前的车辆安全检查对有些人来说看似浪费时间，但其实这项重要的操作可能拯救你及旅客的生命。好的驾驶人会养成习惯，定期检查车内车外机件的故障情况，行车中如果发现车辆有什么问题，哪怕只是感觉到车辆有什么不对劲，都应该处理。通过本节的学习，你能够掌握日常车辆安全检查的方法及注意事项。再次强调：好的驾驶人是从好的观察习惯做起的。如果风窗玻璃或者后视镜脏了，那就相当于损失了一部分观察范围，如果连看都看不清楚，那么还怎么有效观察呢？

1 车辆的常规检查

车辆状态安全是行车安全的重要保证，所以你应该养成行车前对车辆进行安全检查的习惯，你应该按照以下6点要求检查即将驾驶的车辆：

（1）逆时针绕行车辆检查，确保没有儿童、宠物、玩具出现在车底或者附近。

（2）检查轮胎没有嵌入的大石块、刺入的钉子或者其他尖锐的物品。

（3）查看车门和行李舱盖是否紧闭。

（4）清理挡风玻璃以及两侧的后视镜。

（5）仔细检查车底是否有泄漏的油渍或者车辆的其他液体。

（6）通过车辆仪表盘查看是否有自检故障。

如果这些都已经很好地完成，那么准备出发。

如果你是一名驾驶大中型客货车的营运驾驶人，那么对车辆的安全检查较家用轿车将更为系统、复杂。在出车前、行车中、收车后，都要对车辆进行安全检查，具体的、详尽的检查步骤可以按照表2-2、表2-3、表2-4进行。

出车前安全检查 表2-2

步骤	检查内容	具体项目
第1步	发动机舱	风扇传动带完好及松紧适当；润滑油、冷却液、制动液、清洗液是否充足，有无渗漏
第2步	驾驶室及车厢	安全带、后视镜、转向盘、操作踏板、灯光等完好有效；发动机无异响；卫星定位系统车载终端工作状况良好
第3步	随车工具	灭火器、安全锥、危险警告标志、三角垫木、千斤顶、轮胎扳手等齐全有效
第4步	灯光、信号	前照灯、制动灯、转向灯、示廓灯、危险报警闪光灯等工作正常
第5步	车辆外观	轮胎、制动管路、转向横直拉杆与球销、悬架、储气筒、防护装置、备胎、油箱、挂车支撑及连接装置等完好
第6步	制动性能	在5km/h直线行驶时紧急制动，检查其制动效果是否跑偏、制动距离和制动踏板踩踏是否异常等

行车中安全检查 表2-3

状态	检查内容	具体项目
行车	发动机	动力突然下降，应立即停车检查冷却液或润滑油量
	转向盘	操纵沉重并侧偏，应立即停车检查轮胎气压
停车	冷却液、润滑油	无漏水、漏油，气压制动应无漏气现象
	轮胎	无严重磨损、无异物、无割裂伤，胎压符合要求
	制动器	无拖滞、发热现象，驻车制动作用可靠
	连接部位	转向、制动装置和传动轴、轮胎、悬架等各连接部位牢固可靠
	装载货物	捆绑、固定牢固，覆盖严实，货厢栏板锁止机构无松动

收车后安全检查 表2-4

步骤	检查内容	具体项目
第1步	渗漏和补给	无漏水、漏油、漏气现象，视需要补充燃油、润滑油等
第2步	轮胎	胎压符合要求，胎间及胎面花纹无杂物
第3步	传动带	风扇等传动带应完好，松紧度合适
第4步	螺母	轮胎螺母和半轴螺母、钢板悬架螺母无松动现象
第5步	驾驶室及车厢	保持清洁，查看各部位应无破损

第二章 防御性驾驶的基本要求

2 安全装置和备品

作为驾驶人,直接承担车辆运行安全的重要责任,如果你是从事运输的大中型客货车驾驶人,那么你的安全责任将更加重大。防御性驾驶要求,应该具备有效检视车辆安全装置及备品状况,及时发现并解决存在的安全隐患能力和素质。

1)安全带

按照规定,私家车、公路客车、旅游客车的所有座椅以及其他车辆(低速汽车除外)的前排座椅均应装置安全带,且安全带应可靠有效,安装在合理的位置,固定点应有足够的强度。除卧铺客车的铺位安装两点式安全带以外,其他车辆座椅都应安装三点式(或四点式)安全带。作为驾驶人,除了要保证自己正确使用安全带以外,你还应该督促同车的乘客系好安全带,如果你驾驶客车,就更需要督促车上旅客系好安全带。

2)安全出口

当车辆发生落水、火灾、侧翻等紧急情况或事故时,安全出口对于保障驾乘人员逃生或救援人员有效开展施救非常重要。如果你驾驶的是家用轿车、货车,那么车门、车窗、天窗、行李舱都是可靠的逃生出口,记得在车内放一把安全锤,它将在危急时刻救你一命!如果你驾驶的是客车,甚至是全封闭式客车,作为驾驶人应该在发车前,清楚告知每位旅客各个安全出口的位置及实用方法。安全出口包括应急门、应急窗或撤离舱口(图 2-3)。每个安全出口附近都应设置"安全出口"字样及操作方法,并配备应急控制器(如用于击碎应急窗的安全锥等)。

图 2-3 安全出口

应急门是在发生紧急情况时逃生所用,处于关闭状态时应由锁止装置自动锁止。在车辆正常行驶时,应急门不会因为振动、颠簸、冲撞而自行开启,当车辆停止时，应急门能从车内和车外方便地打开。应急门均配有声响装置，当有警报声发出时，你应该意识到应急门可能没有完全关闭。

应急窗与应急门的作用相似，位于客车乘坐区的两侧。应急窗通常设有易于从车内和车外开启的装置，或者采用易击碎的安全玻璃。如果是需要通过击碎方式开启的应急窗，那其附近的明显部位装备会有安全锥等击碎工具。

撤离舱口是指车顶或地板上供乘客在紧急情况下作为应急出口的开口（图2-4），即安全顶窗和地板出口。撤离舱口被锁住时，可以用正常的开启或移开设备将其从车内打开或移开，开启后可自由出入车厢。

3）灭火器

灭火器是在火灾初期进行紧急自救的重要工具。实践表明，如果初期火情没有得到控制，车载灭火器通常无法起到扑灭的效果。我国虽然没有强制小型汽车随车配置灭火器，但为了安全起见，你应该购置一个小型灭火器，放置在你容易取到的位置。客车车厢内灭火器一般按照前、后或前、中、后进行分布，且其中一个应靠近驾驶人座椅（图2-5）。你应该每月检查一次灭火器压力，注意有效期信息，发现过期失效的灭火器要及时更换，以免发生火灾时措手不及。

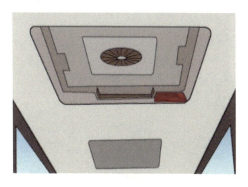

图2-4 撤离舱口

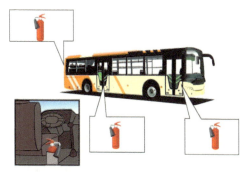

图2-5 客车车厢内灭火器分布

4）车身反光标识和尾部标志板

根据法规标准的规定，所有货车（半挂牵引车除外）和挂车应在侧面设置车身反光标识，标识长度应大于等于车长的50%。总质量大于等于12000kg的货车（半挂牵引车除外）、车长大于8m的挂车以及最大设计车速大于等于40km/h的汽车和挂车，都应设置车辆尾部标志板（图2-6）。尾部标志板或后部反光标识的作用

图 2-6 尾部标志板

在于体现车辆的高度和宽度,让你的车能够在照明条件不良的环境下被其他交通参与者注意到。

5)侧面及后下部防护装置

根据法规标准的规定,总质量大于 3500kg 的货车(半挂牵引车除外)和挂车应装备防止人员卷入的侧面防护装置和防止追尾钻入的后下部防护装置(图 2-7),侧面防护装置不能增加车辆的宽度,后下部防护装置对追尾碰撞的机动车应具备足够的阻挡能力。当行车中发生侧面及后下部防护装置破损、脱落等问题时,你应该及时更换,一方面是对其他交通参与者负责,同时也是对自身安全行车的一种保护。

图 2-7 侧面、尾部防护装置

第三节 客货运车辆的安全运输要求

一、旅客运输

道路客运的服务对象是人,具有不同于其他运输业务的特点,乘客对运输服务具有安全、便捷、准时、舒适等要求。作为客运车辆的驾驶人,应该掌握道路客运的基本环节和注意事项,在保证安全的前提下,通过优质的服务获得乘客的肯定。

1 行车前安全准备

客车进站以前,驾驶人应对客车安全及卫生进行检查。要保持车辆清洁和车内空气清新,确保车上消防等各项设备、设施齐备有效。检查汽车各部件润滑油

（脂）、燃料、冷却液、制动液及液压油等各种工作介质和轮胎气压等状态，必要时进行补给；对汽车制动、转向、传动、悬架、灯光信号等安全部位和装置以及发动机运转状态进行检查、紧固。

要出车了，你应该提前15min左右将车辆停到指定上客区域或约定地点，放好客运标志牌，打开车门和行李舱门，做好准备迎接乘客上车。

在乘客上车时，你应该主动站在车门一侧迎接，提醒他们注意安全，帮助他们将大件行李物品妥善放置在行李舱内。值得注意的是，应该让乘客乘坐位置和行李物品均匀分布，避免过分集中于一侧导致车辆重心明显偏移，以免行经弯路或发生紧急情况时增加车辆侧翻的风险。要对行李包是否装捆牢固，长、宽、高及质量是否符合规定进行检查，不要让乘客在门道或过道上放置行李。同时，你应该协助乘务员组织乘客上车，维护乘车秩序，提醒乘客不要将身体的任何部位伸出窗外。在发车出站前要记得提醒乘客系好安全带，向乘客进行安全告知，按照站务人员的指挥，平稳驶离（图2-8）。

图2-8　迎接旅客进站上车

2 途中行驶要求

行车过程中你应该关注乘客的动态，提醒乘客不要将手和头部伸出窗外。如果中途停车，应该先确保车辆平稳停下，不要让乘客在车辆还没停稳时就急于下车，并且应该提前通知旅客停车和开车时间（图2-9）。

再发车时，应该在乘客上车后核对人数，确保不要让乘客漏乘、错乘。当你在途中发现自己的车有异常现象或响动时，应该及时靠路边停车检查，不可抱有侥幸心理继续带"病"行驶。在停车休息时，要按照规定对车辆进行途中安全检查作业，要重点检查轮胎气压、

图2-9　车辆停稳后下车

防御性驾驶

轮胎胎面磨损和轮胎花纹间有无镶嵌物，一旦发现及时剔除；如果天气炎热，还要检查车轮轮毂温度，如果温度过高，应将车停在阴凉通风处自然降温；还要察看仪表灯光工作是否正常。

按照规定，长途客运车辆凌晨2时至5时应该停止运行或实行接驳运输。客运车辆夜间行驶速度不得超过日间限速的80%，并严禁夜间通行达不到安全通行条件的三级以下山区公路。夜间遇暴雨、浓雾等影响安全视距的恶劣天气时，可以采取临时管理措施，暂停客运车辆运行。驾驶人24h累计驾驶时间原则上不超过8h，日间连续驾驶不超过4h，夜间连续驾驶不超过2h，每次停车休息时间不少于20min。开车困倦时应选择在安全地方停车，如果在高速公路上，应在下一出口驶离高速公路或在服务区适当的地方停车休息。作为客车驾驶人，应该严格遵守这些规定，确保自己和他人的出行安全。

3 安全操作要求

（1）你要随时观察道路、交通和天气情况，适时调整自己的行车速度，不要超过限速标志、标线标明的速度；遇到前方道路连续转弯或有急弯时，应该提前合理地控制行驶速度。

（2）一般道路行车中，如果前方有车同向行驶，你应该合理控制速度，保持安全距离跟车行驶，尽量不超车或避免超车。

（3）如果不得不超车，那么超车时要在确认能安全超越的情况下，从前车的左侧超越，驶回原车道时给被超车留有足够的安全距离，不能强行超车。

（4）夜间驾驶时，与其他车会车前，在较远处就要配合对方车辆变换远、近光灯观察前方情况；当距对向来车150m以外时，应该及时改用近光灯；记住不要直视迎面来车发出的强光，那样会影响你自己的视线。

（5）通过桥梁时，你应该及时降低行驶速度，注意桥头附近的交通标志或提示，严格遵守通行规定，尽量避免在窄桥上换挡、制动、会车和停车。

（6）通过漫水桥时，你应该停车观察，在确认安全后，让乘客下车步行过桥，车辆在引导下低速通过；如果遇洪水或河水漫过桥面时，千万不要冒险通过。

（7）在你驾车进入隧道、涵洞前，应该注意交通标志和用文字说明的规定，尤其要注意确认车辆高度是否在规定的范围之内；要记得，进出隧道、涵洞时，不要加速行驶；隧道、涵洞内不能停车。

（8）在山区道路行驶时，你要随时注意制动器的工作效能，如果驾驶的是气压制动的车辆，要经常观察气压表读数；如果是液压制动的车辆，要防止"气阻"，感到踏板"软弱"时，应该及时停车检查。

（9）在冰雪道路上行车，你必须要给自己的车辆安装防滑链，增大轮胎与地面的摩擦，要严格遵守冰雪路面的速度规定，选择安全的行驶路线，尽量利用发动机的制动作用控制车速或减速，需用行车制动器减速时应该采用间歇制动。如果在冰雪路上会车，你要选择安全的地方低速交会，必要时可在较宽的地段停车让行后再继续行驶。

（10）当你发现冷却液因为发动机过热或缺少冷却液沸腾，切忌马上打开散热器盖。正确的做法应该是，待温度降低后，用棉纱或手套垫着打开散热器盖，以防冷却水沸腾烫伤手和脸。

4 高速公路行驶

（1）当你在高速公路上通行时，应当按照车道限速规定行驶。如果遇到道路限速标志标明的车速与规定车道行驶车速不一致时，那你要按照道路限速标志标明的车速行驶。

（2）你从匝道驶入高速公路，应当记得开启左转向灯，观察右侧行车道内车流情况，在不妨碍已在高速公路内的机动车正常行驶的情况下驶入行车道。在你驶离高速公路时，应当要开启右转向灯，先驶入减速车道，降低车速后驶离。

（3）在高速公路上，保持安全距离尤为重要。你不妨记住下面一些数字：车速超过100km/h时，应当与同车道前车保持100m以上的距离；车速低于100km/h时，与同车道前车距离可以适当缩短，但最小距离不得少于50m。

（4）在高速公路上，你要学会根据能见度合理使用灯光。当能见度小于200m时，应该开启雾灯、近光灯、示廓灯，车速不得超过60km/h，与同车道前车保持100m以上的距离。当能见度小于100m时，应该开启雾灯、近光灯、示廓灯和危险报警闪光灯，车速不得超过40km/h，与同车道前车保持50m以上的距离。当能见度小于50m时，应该开启雾灯、近光灯、示廓灯和危险报警闪光灯，车速不得超过20km/h，并从最近的出口尽快驶离高速公路。

防御性驾驶

（5）高速公路上车辆发生故障时，应确保安全停车。车辆发生故障需要临时停车检修时，必须提前开启右转向灯驶离行车道，停在紧急停车带内或者右侧路肩上，并按规定设置警告标志。车辆发生故障时，你应该立即开启危险报警闪光灯，在来车方向150m处设置警告标志，并迅速将车上乘员转移到右侧路肩上或者应急车道内，并且迅速报警。

5 到站检修维护

到站后，你应该按照现场指挥人员的指挥停靠到指定位置，车辆停稳后让乘客们下车，然后开启行李舱门。等乘客带行李离车后，你应该尽快驶离下客点，完成车辆清洁卫生、例行维护后开往指定地点停车。经过旅途跋涉，轮胎等易损部件可能存在缺陷，你应该对车辆状况和部件进行认真检视、及时报修。

二、货物运输

你应该明确知道，道路货物运输的基本要求是迅速、准确、货物完好无损，作为货运驾驶人，应该掌握不同种类货物的包装、装载、紧固等技术要领，以便根据货物运输的需求类型提供有针对性的专业货运服务，实现货运车辆的安全平稳运行。

1 货物装载

在装载货物时，你应该严格按照安全操作规程，根据货物的分类和特性进行作业（表2-5），为运输过程保持货物完好无损做准备。

货物装载　　　　　　　　　　　　　　　表2-5

货物性质	性能特征	装卸要求	代表性货物
耐温性差	遇温度变化易变质	采取防热措施	冰块
耐湿性差	受潮后成分和性能易变化	采取防潮措施	粮食
脆弱性	撞击或重压易变形或破损	小心轻放	玻璃
易腐性	正常温度下易变质、腐坏	采取防腐措施	海鲜

你应该掌握自己车辆的核定载质量和装载要求，并据此安排载物质量、尺寸，保持质量均衡分布，使载货质量尽可能平均分布于货厢地板，沿车辆纵向中心线

顺装，较重的货物要尽量放置于货厢地板的中部（图2-10）。

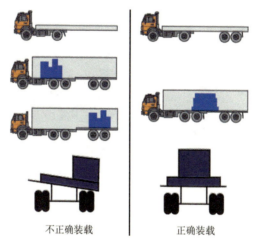

图2-10 均衡载货

均衡的装载能够保持车辆重心的稳定。行车中车辆重心越高、越偏，车辆的稳定性和安全性就越低，特别是在转弯或急转向时容易侧翻。你应该有这样的意识，装载货物时使货物重心的投影位于货厢横、纵轴线的交叉点，必须偏离时要确保横向偏移量不超过100mm，纵向偏移量原则上不应使各轴的载质量超过核定轴载荷限值（图2-11）。

图2-11 均衡载货

你应该了解热胀冷缩效应，尤其是在装载液体货物时灌装不能过满（图2-12），要预留一定空间。灌装前要了解装载液体的膨胀量，根据液体的膨胀量、密度和车辆的核定总质量来确定灌装数量。

图 2-12 装载液体

2 货物紧固

你应该能够根据不同的货物种类和性质确定紧固货物的方法。

能够承受压力不会变形的单件货物或堆码整齐无间隙的货物，适用于横（纵）下压捆绑的紧固方法（图 2-13），通过施加额外的下压力增加接触表面的摩擦力，从而起到保护货物的作用。下压捆绑货物时，绳索捆绑的角度直接影响作用力的大小，捆绑角度越大，货物收到的作用力就越大，最佳捆绑角度为 90°，即垂直下压。

图 2-13 承受压力货物的捆绑

当成件包装货物的装载宽度超出货车端侧板时，应层层压缝梯形码放，四周货物倾向中间，两侧超出侧板的宽度一致以保持平稳，采用端部交叉捆绑或双交叉捆绑的紧固方法（图 2-14）。端部交叉捆绑绳索每道允许有一个接头，禁止使用绳索仅绕过货物侧面和端面、而不绕过顶面的捆绑方式。敞车装载货物时，禁止使用绳索在车侧栓结点上栓结后，绕过货物侧面、顶面和端面与车端栓结点栓结的交叉捆绑方式。

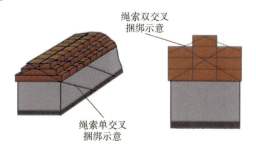

图 2-14　交叉、双交叉捆绑

运载木材、钢管等长条形成垛堆码的货物时，应使用钢丝绳或其他专用捆绑固定器材，对每垛货物起脊部分做整体捆绑固定（图 2-15）。

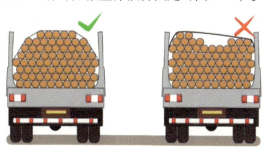

图 2-15　长条形货物捆绑

装载沙石、西瓜等散装货物时，应使用苫布等覆盖严密，防止行车中迎风吹落。对于西瓜等抗振能力较差的货物，还应使用稻草等填充空隙（图 2-16）。

图 2-16　散装货物运输

装载大件货物时，应采用"八"字形、倒"八"字形、交叉、"又"字形或反"又"字形等牵拉紧固方式（图 2-17）。牵拉固定应在货物的前后、左右两个方向成对使用，固定工具成对角作用于货物上。

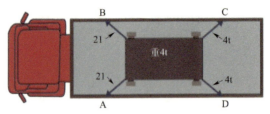

图 2-17　大件货物紧固

装载大型圆柱形货物时，应使用适当规格和材质的凹木、三角档、座架等装置，采取腰箍下压、牵拉等紧固方式。装载大型球状货物时，应使用具有足够强度的座架，货物底部不得与货厢地板接触。超限、超长的货物装车后，可采用施划油漆位置线的方式辅助判定货物是否移动（图 2-18）。

图 2-18　装载大型圆柱货物

三、危化品运输

随着国民经济的快速发展，工业领域对原材料的需求迅猛增长，危险化学品、有毒有害物质等重要生产资料，需要频繁通过道路完成运输，一旦出现安全事故，将对社会稳定和群众财产生命安全以及生态环境造成严重的危害。从事危化品道路运输工作的驾驶人除了基本的遵纪守法要求以外，还应具备较高的职业道德修养及专业知识技能，才能从容面对复杂多变的道路交通环境，有效消除安全隐患，切实做到"安全第一、预防为主"。

1 常见包装危险货物装载

危化品装载作业时，应根据危险货物包装的类型、体积、质量、件数等情况和包装储运图示标志的要求，采取相应的措施。

（1）小包装危化品装车时，桶口、箱盖要朝上，允许横倒的桶口及袋装货物的袋口要朝内。

（2）堆码时，应从车厢两侧向内错位骑缝堆码，高出栏板的最上一层的包装件，超出车前挡板的部分不得大于包装件本身的1/2。

（3）装车后，危险货物应绳索捆扎牢固，容易滑动的包装件，需用防散失的网罩覆盖，并用绳索捆扎牢固或用毡布覆盖严密。

（4）爆炸品装车时，要使用厢式货车且不得运输其他物品；车厢装货的总高度不得超过1.5m；无外包装的金属桶只能单层摆放，以免压力过大或撞击摩擦引起爆炸。

（5）装运压缩气体和液化气体时，气瓶要拧紧瓶帽，注意保护气阀，防止撞坏。堆码摆放时，气瓶应尽量采用直立运输，直立气瓶高出栏板高度不得大于气瓶高度的1/4。水平放置的气瓶应横向平放，瓶口朝向统一，不得纵向水平装载气瓶，水平放置最上层气瓶不得超过车厢栏板高度，装车后要妥善固定气瓶，防止气瓶乱窜、滚动，保证装载平衡。装运大型气瓶或气瓶集装架时，气瓶与气瓶、集装架与集装架之间需填牢填充物，在车箱栏板与气瓶空隙处应有固定支撑物，并用绳器紧固，重瓶不准多层装载（图2-19）。

a)超出栏板高度大于气瓶高度的1/4

b)水平横向放置气瓶瓶口方向不统一

图2-19　装载压缩气体和液化气体

（6）装载桶装易燃液体时，桶口、箱盖一律朝上，不得倒置；装完后，应罩好网罩，捆扎牢固。钢制包装件多层堆码时，层间应采取合适衬垫，捆扎牢固。

2 常见散装危险货物装载

常见散装危险货物装载要注意以下要点：

（1）装运散装固体危险货物车厢应采取衬垫措施，防止散漏；容易散漏、飞扬的散装、分装危险货物，装车后应用毡布遮盖严密，捆扎结实，防止飞扬或者行车时窜动或甩出车箱。

（2）应用罐车装用液体或气体危险货物时，要核对确认货物在车辆准运范围内，按照车辆核定吨位装载。

（3）应用集装箱装运危险货物时，装箱作业前应检查集装箱内有无与待装危险货物性质相抵的残留物；装箱时根据装载要求装箱，防止集重和偏重；装箱完毕后锁紧箱门，粘贴好与箱内危险货物性质一致的危险货物标志、标牌。

危化品运输车驾驶人与其他驾驶人相比，肩负着更重的安全行驶责任。危化品运输应当按指定的时间、路线、速度行驶，悬挂警示标志并采取必要的安全措施。行驶过程中，驾驶人要选择平坦的道路，控制车速、车距，遇有情况，应提前减速，避免紧急制动。途中不能随意停车，装载剧毒、易燃易爆物品的车辆不得在居民区、学校、集市等人口稠密处停放。永远记住，你的终极目标就是将危险货物安全运抵目的地。

第三章 防御性驾驶的主要方法

防御性驾驶时一种先进的驾驶理念，包含了一系列预防事故的技术方法，内容涵盖了从上车开始到行车时车道位置选择、跟车、超车等整个基本驾驶流程的各个环节。对于山区道路、冰雪道路、夜间行驶等特殊路况下的驾驶方法也有详尽的事故预防策略。

第一节 基本驾驶方法

1 上下车——安全行车的起止点

上下车是安全行车的起止点，之所以将两者放在一起，是因为这两个过程在安全操作方面的要求非常相似，可以按照以下要求安全上下车。

1）安全确认

上车前要养成查看车辆外观和车辆周围、车底的习惯，此时应该逆时针绕车一周，检查外观、轮胎、号牌、漏液以及障碍物等（图3-1），排除隐患后方可上车。

下车时要通过内外后视镜以及侧头观察前后方交通情况，确认无行人、非机动车和其他机动车驶近时，方可打开车门下车。

图3-1 上车前检查

2）安全操作

上车开门前应站在驾驶室左门侧后位置，扭头观察车后方交通情况，确认无其他车辆或行人从车旁通行，在确保安全的情况下，用左手握住车门把，打开车门，左脚迈至车门地面位置；右手握住转向盘，右脚伸入驾驶室，侧身使臀部、腰部、上身、左脚依次进入驾驶室，自然坐下；左手用适当的力度顺势关闭车门，并确认车门关严（图 3-2）。

图 3-2　上车

下车前应观察后视镜并回头观察后视镜盲区，确认安全后告知乘车人；下车时应用近门端的手握住车门把手，用远门端的手开启门锁，打开车门约 10cm，侧身观察车辆后方，确认无其他车辆或行人临近后，再开大车门，按照左腿、臀部、右腿的顺序下车，关闭并锁好车门（图 3-3）。

图 3-3　下车

如果你是一个营运车辆的驾驶人，那么进出位置较高的驾驶室是你需要面临的第一项或者最后一项工作。看似普通的上下车日常活动，却会导致很多驾驶人受伤，轻微的如拉伤或扭伤，严重的甚至导致骨折危及生命，一般此类事故大多发生在大型货车驾驶人离开驾驶室时从梯子或平台上滑倒摔落。为了有效避免货车驾驶人从驾驶室滑倒摔下，请谨记以下 6 种预防措施：

（1）选择适当的鞋子。首先要确保穿着的鞋子坚固、牢靠，其中有防滑作用的鞋底可以产生最佳附着力。硬的、光滑的鞋底附着力非常差，尤其是在湿滑、泥泞或雪覆盖、结冰、有燃油的光滑路面上。鞋底有大的坑纹可更容易抓住梯级表面，在恶劣天气下穿着的靴子底部要有良好防滑作用。

（2）熟悉车辆的结构。如果每天都驾驶同一车辆，会操作更加便捷顺畅。

当有时驾驶不同型号或结构的车辆时,应对所驾车辆进行检查,了解操作部分相关结构,清楚掌握阶梯、扶手的具体位置,清楚进出驾驶室时应该先出哪只脚。请注意,上下车时切勿使用前车轮轮毂部位或车胎作为阶梯。

(3)采用三点接触方式。进出驾驶室时双手双脚至少有3点一直与驾驶室保持接触,这适用于传统的驾驶室及驾驶室置于发动机上方的结构设计。3点接触既可以是保持双手紧握扶手及一只脚踏在阶梯表面,也可以是双脚踏在阶梯表面及单手紧握扶手。下车时与上车动作相反即可,最重要的是开始时用最适合的脚位来配合阶梯的设计(图3-4)。

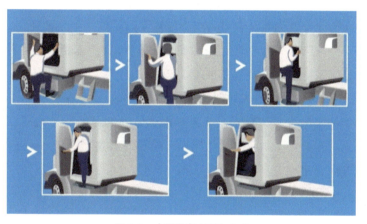

图3-4 大型货车上下车方式

(4)下车前先观察。下车前应提前观察将要落脚的地面。崎岖路面、坑洞、碎石堆以及冰雪覆盖的地面可能会引致滑倒或跌倒,在下车落地之前应计划好合适的落脚处。

(5)面向驾驶室方向下车。下车时应保持与上车时相同的方向,也就是说,下车时应保持面向驾驶室方向,即背行下车。面向驾驶室方向下车能够确保能以最大限度地抓紧转向盘、扶手或把手,用整只手掌而不是仅仅用指尖紧握;同时,背行下车也可用脚掌前部而不是脚跟踩踏阶梯表面,脚掌前部可以产生最大的附着力,并降低滑落的可能。

(6)保持双手自由。上下车过程中都不要随手携带其他物品。有的驾驶人在上下车时携带提包、文件板或其他东西,这就意味着他们无法利用双手为自

防御性驾驶

已提供协助,一旦出现意外情况势必手忙脚乱甚至发生危险。在上车之前,应先将所携带物品放入驾驶室,下车时应在安全落地后才将所携带物品从驾驶室取出。

2 安全带——最便宜的保险

交通事故的可怕之处之一,就是其无法预知性,所以每一起交通事故对于涉事人员来说都是意想不到的灾难。交通事故发生后驾驶人可分为使用安全带和未使用安全带两类。前一类人致死率更低,受伤更少,即便是受伤了,程度也会更低——研究表明,安全带能降低前排驾乘人员45%~50%的伤亡率。那么,既然这个道理众所周知,为什么还有人在驾乘汽车时不使用安全带呢?

不使用安全带的驾驶人总是有各式各样的理由,我们选取一些最真实的声音,然后来看看这些观点是否能经得住推敲。

(1)理由1:"如果事故发生时我被甩出车外,那么幸存的可能性更大。"

事实:如果事故发生时被甩出车外,那么致死的可能性要提高25倍左右。事故发生时只有安全带能防止乘员从风窗玻璃中飞出去,一旦乘员被甩出车外,即便与风窗玻璃的碰撞没有造成死亡,甩出车外与路面、护栏、灯杆等其他目标的碰撞也难以让乘员幸免于难。

(2)理由2:"使用安全带不舒服。"

事实:"不舒服"的本质是"不适应"。当刚开始使用安全带时,前几天的确会明显感到它的存在;一周以后,除非是特别注意到它,一般人都不会再对安全带有什么感觉了——这就是适应使用安全带的过程,一旦养成了良好的习惯,不使用安全带反倒不适应了。安全带的设计本来就是允许驾驶人自由活动的,所以一旦适应了安全带的使用,那么只有在不使用时才会感到"不舒服"。

(3)理由3:"高速行车才使用安全带,中低速时不需要使用安全带。"

事实:一般人印象中似乎只有高速行车发生紧急情况时才有可能产生严重的后果。而实际上,这个理由是对安全行车的错误理解,正是这种错误理解经常导致悲剧的发生。许多发生在城市交通环境下的交通事故,事故车辆行驶速度不超过60km/h,不使用安全带的驾驶人都遭受了严重的伤害。决定事故严重程度的是碰撞发生瞬间车辆的行驶速度(而不是正常行驶速度),许多中低速车辆由于制动不及时、机械故障等原因减速不充分，碰撞瞬时速度接近正常行驶速度，哪怕20km/h或30km/h的碰撞速度，都有可能造成车内乘员的严重伤害。中低速行车同样可能导致伤亡事故，切忌陷入"低速时事故造成伤亡的可能性更小"的认识误区，记住，安全带是全天候的保护伞。

（4）理由4："一旦发生起火或淹水，安全带将把我困在车内。"

事实：这个理由首先在概率上就不成立，因为伤亡事故里只有不到1%的涉及起火或淹水。一旦不幸赶上了，那么决定能否逃生的是你的沉着冷静。如果由于车内碰撞导致昏迷不醒，丧失意识，那还怎么处理险情呢？事故发生时保持神志清醒、肢体完整的最简单方法，就是使用安全带。

（5）理由5："我都开了30多年的车了，从未发生事故，安全带既然从未拯救过我，那是否使用安全带还有什么分别呢？"

事实：看来这是个安全可靠的老驾驶人，然而不管既往驾驶履历多么漂亮，都要面临同样的问题：以前从未发生事故，不代表以后也一定不会。即使自己的驾驶水平高超，也不能决定别人的驾驶水平如何。每天都有数百起伤亡事故发生，他们当中也会有以前从未发生过事故的驾驶人。

（6）理由6："每天我都要经常上下车，反复系上和解开安全带的话会浪费我的时间。"

事实：系上和解开安全带通常不会超过5s，而且一旦人们习惯了使用安全带，他们还可以同时做其他的事情。比如有的驾驶人就习惯于一只手系安全带一只手插点火钥匙。即便你没法这么做，系安全带的几秒钟也不会影响到你干什么。这么想吧：一起事故的发生，通常也不会持续5s的，而且一旦事故发生了，再决定系上安全带也来不及了。起步前系安全带花费的这几秒就权当是一种"投资"好了，这种"投资"也许会在未来的某一天取得回报的。

3 路面位置选择——缓冲空间与容错能力

（1）保持合适的路面位置——"缓冲空间"最关键。每个驾驶人都有可能犯错，防御性驾驶无法保证其他驾驶人不犯错误，应对这些潜在险情的办法之一就是在路上保持合适的位置，在所驾车周围保持必要的"缓冲空间"（图3-5），争取在自己或他人犯错时，周围的事物越少越好。事实上，很少有驾驶人能够对车辆周围"缓冲空间"保持足够的重视，表现之一就是很多驾驶人喜欢在车流中行驶。

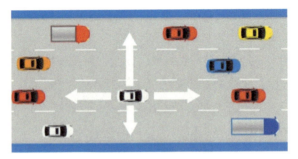

图 3-5　保持缓冲空间

所谓合适的路上位置，简单地讲，就是尽量远离车流，争取在开阔地带独自行驶（图 3-6）。车辆周围越空旷，安全系数就越高，自己或他人发生紧急情况时避险逃生的机会就越大。行车中经常会遇到一些驾驶人，他们要么车速过快或过慢，要么行驶轨迹怪异，要么发出的信号错误，这些都会令他们极具危险性。面对这样的驾驶人，更要加大己车缓冲空间，远离他们总不会错——惹不起还躲不起吗？

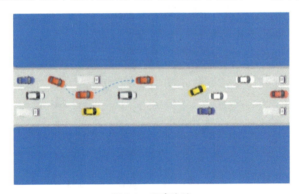

图 3-6　远离车流

（2）变更车道。只要具备充足的缓冲空间，安全变更车道并不困难。行车中经常会有驾驶人在车流里钻来钻去，迂回行驶，这样极有可能引发危险，如超速、跟车过近、阻碍其他车辆等。迂回行驶不但损失了自身的缓冲空间，影响了视野范围，同时还侵入了他人的缓冲空间，威胁了他人的行车安全。迂回行驶就是把自身的紧急需要凌驾于自己和他人的安全之上，然而事实上，迂回行驶不但不会节省时间，还很有可能显著提高事故发生的可能性。路遇这种迂回行驶的驾驶人时，最好的办法当然就是远离他们，或者调整车速增大己车周围的缓冲空间，让他们不必频繁穿插。

> **变更车道的关键技术**
>
> 信号，提前发出转弯信号，给周围的人留有充足的时间知晓你的意图。
>
> 后视镜，变更车道以前应重复检视后视镜，以确保所有车辆都处于安全的位置。
>
> 转头观察，回望视野盲区的情况，弥补后视镜的不足。
>
> 行动，平稳操作。

（3）汇入车流。行车中经常需要汇入车流，当然也会经常处于其他车辆需要汇入的车流。安全汇入车流同样需要运用防御性驾驶技巧：保持足够视距，提前观察汇入情况，如遇交通拥堵、建筑物、故障车或者其他意外情况，那么保留 15s 的前视距离保证能够作出正确的判断和及时的反应。观察周围环境，扫视前方的同时不要忽略了侧方和后方的情况，每 5~8s 检视一次后视镜，时刻保持对周围情况的察觉。保持缓冲空间，选择交通情况最简单的车道，当缓冲空间不能得到有效保障时，至少应确保前方的缓冲空间，同时也别忽略了那些进入你视野盲区的车辆。

（4）容许犯错。安全行车，需要努力保持容许犯错的空间，因为任何驾驶人都不能保证永远不犯错。行车过程中这种容许犯错的空间时大时小，一旦容错空间过小且意外情况发生，则结果就只能是发生事故。那么问题来了：行车时你是否竭尽所能地保持尽可能大的容错空间了呢？

①容许犯错与事故预防：安全驾驶要求驾驶人在一个小时里作出成百上千次判断，所以犯错的机会也很多，再想想其他驾驶人同样需要做出这么多判断，相当于把犯错的机会又放大了千百倍。所谓"容许犯错"能力，就是容许自己或他人犯错而不会发生事故的能力，这种能力越强，对意外情况的应对效果就越好。换句话说，如果你想把事故的概率降到最低，那就需要把容错的能力提到最高。实际上，只需几个简单的步骤，学习掌握并反复实践，

就能显著降低事故风险。

②争取还是放弃容错空间：对于行车安全来说，容错空间就是车辆周围的空旷区域，周围越空旷，越不容易发生危险。遗憾的是，实际行车中很多驾驶人似乎不懂这个简单的道理，他们热衷于扎堆儿行驶：在一大群车阵后面，有一大块开阔的空间，更后面的车辆却加速通过开阔地，加入到成群结队的车阵中"结伴"行驶。他们接踵摩肩，反复加减速，频繁变更车道，不断重复这样的过程，加入并离开一个又一个车阵。另一些驾驶人则安于现状，稳定保持在车阵中的位置不变，下意识地选择相信那些他们从未谋面的驾驶人不会犯错，意外情况永远不会发生。如果把这些驾驶人从飞驰的汽车中请到一个教室里，直接问他们应该争取还是放弃容错空间，想必没人会选择放弃，但是回到行车环境，还是会有人不由自主地寻求"结伴"行驶——再次强调：永远不要主动放弃行车中的容错空间，周围越开阔，行驶安全性越高！

③容错空间的解决之道：容错空间取决于很多因素，如驾驶技巧、拥堵情况、跟车距离、天气状况、精神状态等。要提高自己的容错空间，其实就是要增加缓冲空间和有效视距。想象一下，行车过程中周围始终存在一个空间的"口袋"，而你的任务就是时刻关注这个"口袋"的收缩情况。如果"口袋"太小，尤其是跟车距离不足时，就调整车速确保"口袋"恢复到令人满意的大小和形状，还不行的话，变更一下车道或许就行了。一旦找到了缓冲空间并置身其中，那么自然就增加了可视距离，反过来如果跟车过近，持续被前车遮挡，就无法观察到周围其他车辆的动态，一旦意外情况发生往往来不及作出正确反应。也就是说，缓冲空间和可视距离的三大好处是远离他人的错误、增强对周围情况的观察力、由于远离突发情况而产生的放松心情。

在这个充满竞争的世界，很多人觉得安全驾驶就得牺牲时间。这个错误的观念容易把你推向本来可以避免的事故中去。容错空间不是奢侈品，只是安全行车的必需品而已。行车时经常自我询问容错空间是否足够，养成不断检查自身所处位置的习惯。养成习惯的过程或许是别扭的，结果却是美好的：不再焦虑，愉悦驾驶，显著降低事故率。

④ 安全跟车——预防追尾事故

跟车行驶是日常行车中最常见的一种状态，保持适当车距、有效观察情况是预防追尾事故的有效手段,这一点没有人会反对。然而,适当的跟车距离是多远呢?传统意义上通常概括为"开多快跟多远",即车速40km/h跟车40m,车速80km/h跟车80m,以此类推。防御性驾驶提倡使用行驶时间来估算跟车距离,即"4s跟车距离",这只是一种方法上的差别而已。

跟车距离和制动距离

首先我们需要明确的就是跟车距离不等于制动距离(图3-7)。实际行车中,许多驾驶人倾向于跟车过近,而且多数都不自知。一些考虑到跟车距离问题的驾驶人,会认为合适的跟车距离就是制动距离,目测与前车间距能够减速停车就不会发生危险——在很多情况下,这样跟车可能导致灾难性的后果。他们没有意识到的是,前方意外情况突发时,自己无法在一瞬间内完成制动操作。驾驶人遭遇紧急情况时,要经历观察情况、作出判断、采取措施三个过程,且制动踏板踩下到产生作用还需要机械装置的反应时间。这些过程虽然耗时很短,但1~2s的滞后就足以延迟车辆减速停车数十米的距离,在高速状态下尤其突出。另一方面,跟车过近时驾驶人潜意识里会意识到如果对前车情况没有给予足够的关注,前车一旦突然减速就可能发生追尾事故,因此,自然而然地过分关注前车动态,而减弱了对其他可能造成安全隐患的交通情况的观察。

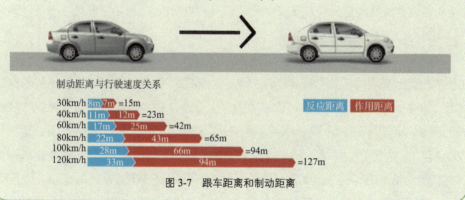

图3-7 跟车距离和制动距离

(1)4s跟车距离。

防御性驾驶推荐最低4s的跟车距离,如果你驾驶满载的大中型客货车或者遇到恶劣天气或者不良路况，应再增加 1~2s 的跟车距离。使用行驶时间来估算跟车距离的方法很简单：当前车的后保险杠经过一个固定参照物时（如广告牌、标志标线等），开始数数：1001、1002、1003、1004……直到你的前保险杠到达该参照物位置，此时你数到几，就是几秒的跟车距离（图 3-8）。

图 3-8　4s 跟车距离

实际行车中，会发现保持足够的跟车距离容易招致其他车辆插入其间，必须承认，有时候真的就是这样。如果真是这样的话，那么就要降低车速重新恢复足够的跟车距离了——是的，这样做似乎有些"窝囊"，但这是为自身安全着想，而不是别的什么原因。试着这样想想，如果由于其他车辆穿插导致你放弃了原有的安全跟车距离，从而紧跟前车以防被插入，表面上看似乎"出气"了，其实是相当于其他驾驶人改变了你原本安全可靠的驾驶行为，驾驶的最终目的是安全抵达目的地，而不是在道路上比赛谁更潇洒随意，与人身安全比起来，任何所谓的"自由"都是微不足道的。

（2）安全可靠的制动。

在介绍制动技巧之前，必须强调一点，防御性驾驶作为一种高级的主动安全驾驶技术，其最高境界是少用或者不用制动，完全靠提前观察和加速踏板控制来调整车速，始终保持车辆远离需要迅速制动的安全隐患，并且实现最高的驾驶经济性水平。然而，实际行车中很少有人能达到这一点，安全可靠的制动是绝大多数驾驶人必须依赖的操控手段，选择合适的方法，反复实践，才能达到从容不迫的制动要求。

很多驾驶人的驾驶习惯都非常糟糕，大大提升了交通事故发生的概率，更糟糕的是，他们往往还对自己的驾驶水平非常自信。判断驾驶水平高低的一个简单方法就是制动时机的选择。交通环境瞬息万变，对于制动时机的选择来说，很难明确具体要求。简单地讲，制动时机选择的基本原则就是：如果需要制动，那么越早越好。

原因一：你的制动灯可以提醒后方驾驶人注意。有些情况后方驾驶人在后面看不到，给其他驾驶人更多的时间作出反应，也就降低了追尾事故发生的可能性。

原因二：及早制动也能保持车辆运行更久而不至于紧急制动停车。车辆只要保持运行的状态，一旦需要可以随时加速逃生，停下来的车辆就不行，必须经历起动操作耗时更久。另外，保持车辆缓慢移动而不用停车，也避免了起步停车造成的额外燃油消耗。

原因三：避免紧急制动停车还有助于降低车辆磨损。对于运动的物体，摩擦以及随之产生的热量是最大的敌人。及早制动可以避免紧急制动停车带来的剧烈磨损，可以延长制动装置的寿命，减少乘客和货物的不适和磨损，创造了一个更安全、更舒适的驾乘环境。

原因四：防止制动失效。制动失效是极其危险的情况，虽然我们当中多数人都没有亲身经历过。然而，一旦制动失效，你就需要在极短的时间内作出决策，而无数事故案例告诉我们，这种仓促的决策反应多数是不可靠的，后果是非常惨痛的。

原因五：不良天气状况下更需要柔和缓慢制动。雨雪冰等情况尤其麻烦，路面附着力下降（图3-9），安全驾驶的关键就是无论做什么都要柔和。突然制动、加速或者转弯都可能导致车辆失控。及早制动，平稳操作，总要比意外发生瞬间紧急避险更值得信赖。

图3-9　不同路面制动距离

防御性驾驶

（3）如何防止被追尾。

追尾事故通常是由后车驾驶人的错误造成，事故定责也基本印证了这一点。追尾事故中前车驾驶人似乎总是处于无可奈何的境地，但是实际上，许多追尾事故完全能够通过预防产生此类事故的环境来避免——我们追求的是比发生追尾事故时不承担责任更高的目标，那就是避免发生追尾事故。

①尽量保持车辆处于运动状态：只要车辆还在运动，一旦发生险情就可以及时采取避让的反应，而如果车辆在停定状态下被追尾的话，那么先得起动才能作出反应，同时撞击后果也更为严重。因此，保持车辆的运动状态对于有效应对追尾事故很有必要。避免停车的主要方式是有效观察，提前掌握前方的预警信号，比如红灯、汇入车辆乃至事故现场等可能导致减速的事件。一旦提前发现需要减速或停车的情况，松抬加速踏板，让车辆在较长的时间内平稳减速。养成松抬加速踏板缓慢减速的习惯，这样做的好处两点，一是驾驶的车辆能够保持更长时间地运行而不必停车，二是给后方驾驶人一个预警和反应时间，他可能没有及时察觉到前方的交通情况。这样一来，追尾事故的潜在隐患就消除了。

②观察掌握周围其他驾驶人的动态：许多驾驶人都是最后一刻才看到情况做出反应的，险情发生时，无准备的驾驶人本能反应就是拐到相邻车道以避开目标。相邻车道内的驾驶人随即紧急制动，后续的车辆相继亮起制动灯。当任何一位驾驶人反应不及时，追尾事故就此发生。因此，不但要预测那些直接作用于你的因素，还要预测那些可能作用于你周围驾驶人的因素。同样的，扩展观察的范围不但要包括车前的情况，还要包括车后的情况，尤其是要注意后方驾驶人表现出来的驾驶意图。跟车过近的驾驶人，对周围都是潜在的安全隐患，尤其是对其前方的车辆。解决后车跟车过近的方法也很简单：变更车道或者及早采取措施让他通过。解决了这个问题，追尾事故也就消散无形了。后方车辆是发生追尾事故的直接对象，行车中努力养成减速制动之前先要通过后视镜观察一下后方的情况的习惯。驾驶人如果发现不了可能出现的问题就更不用说处理问题了。

③停车时给自己留有余地：行车中需要停车时，最少要与前车保持一辆车的距离（5m左右）。这是因为尽管你自己非常小心，后车还是有可能追撞你，这样的车前空间相当于缓冲保护作用，不至于使你立即与前车相撞。同样的，当你在交叉路口前等候信号灯放行且位于头车位置时，车头应该与停止线保持差不多

的距离（5m左右）。这样做的好处是，一旦被后车追撞，你所驾驶的车辆不至于冲入人行道或路口中去，造成二次事故。

5 安全超车、会车——预防侧面碰撞事故

超车和会车是发生侧面剐蹭事故最常见的驾驶形态，特别是大中型客货车与其他小型汽车、摩托车或者自行车发生侧面剐蹭时，由于其尺寸长自重大，可能直接导致小型汽车等发生翻车或失控冲出路外，引发更严重的后果。超车、会车的关键安全要素是横向间距，保持横向间距充足可以从容操控，即使其他车辆出现异常情况也能合理应对，不至于立刻陷入险情。

超车前，要注意观察前方交通情况、交通标志和标线，并通过内、外后视镜观察后方和左侧交通情况。确认可以超车后，打开左转向灯，发出超车信号，示意被超车辆。横向间距不足时，需待前车让行后，与被超越车辆保持安全距离从左侧超越。超车时机要选择合理，不得影响其他车辆正常行驶，不得从右侧超车。超车后，开启右转向灯，在不影响被超车辆正常行驶的前提下，缓转转向盘驶回原车道，随即关闭转向灯。

发现后车发出超车信号时，如果道路情况具备让超条件应及时减速，开启右转向灯，靠右行驶让超车。后车超越后，应注意观察后视镜，确认后方无其他车辆超车时，驶回原行驶路线。让超车时要做到让速、让路、一让到底。让速，让到既尽量缩短了超车距离，又不影响后方车辆的正常行驶；让路，让到既不危及本车和右边车辆、行人的安全，又可使超越车辆超的顺利。前方有障碍物或其他情况，不具备让超条件时，不要勉强让超；若前方交通条件不允许车辆超越，而后车因视线受阻未能及时发现，要求超车时，不能盲目让超。

会车时影响安全运行的主要因素是交会车辆的横向间距，横向间距不足时，两车通过性下降，稍有不慎就有可能发生剐蹭，甚至引发连环事故。保持有效横向间距的首要方法是靠右行驶，尽量给对向来车留有充分空间，会车过程中降低车速，可以在横向间距相同的条件下提高驾驶稳定性。弯道会车时，左转车辆左后轮可能驶过中心线，与交会车辆发生碰撞，右转车辆右后轮则可能向路外偏转，但不会与交会车辆相接触。

泥泞道路上会车，两车交会时有可能发生滑转，应加大横向安全距离；土路会车，

两车交会时容易形成扬尘，应减速慢行，提防对方车辆车尾情况，做到"会车防车尾"；雨天会车，由于视线不良，应注意减速慢行，两车交会时，要提防溅起的水花干扰视线。

6 安全转弯——预防侧翻事故

让我们从一起货车侧翻事故说起吧：对于44岁的货车驾驶人老张来说，今天又是普通的一天，还有几公里就要到目的地，然后就是下班回家了。他有点疲劳，不过平常也是如此，毕竟已经是下午5点了。最后这段路是一段乡村道路，太阳也即将落山了。他斜着眼睛，周围光线开始模糊，透过风窗玻璃很难看清细物。玻璃好像应该清洁了，不过应该也无所谓吧，这条路老张走过很多次，这点把握还是有的。前方有个左转弯，老张意识到这个车速转弯可能有点快了，于是他开始制动，不过还是自信地认为可以控制好车辆。有什么可担心的呢？这个转弯又没什么特别的，他不知道这样转过多少次了，更何况他还是12年货车驾驶经验160万km安全行驶的明星驾驶人呢！尽管如此，长期养成的驾驶直觉还是告诉老张，这次还是略有不同——是的，今天的转弯车速还是比以往快那么一点点，不过老张并未察觉。

刚刚经过的限速标志显示这个转弯处的车速不能超过40km/h，老张低头看了看车速表，发现并未超速，于是他又放松警惕了，毕竟没有超速，那就应该问题不大——不过，还是出问题了。他踩制动踏板狠了点，货车前轮绕过转弯路线，却在最后关头右后轮驶出路外，然后事态就急转直下了。货车后部似乎被什么东西拽着，扫视后视镜发现货厢部分已经倾斜得很厉害了。货厢内只有两货板的东西，很重，老张开始感觉到货板撞击货厢了。他奋力抢救，猛地向左打转向盘，试图将货厢拉回到路面上来，不过适得其反，而且也太迟了。好像慢动作一样，货厢连带着整个货车发生倾翻——是的，今天的确有点"不一样"。

类似老张发生的侧翻事故每天都在发生，如果是客车发生侧翻，那么后果将更为惨烈。有时候就是因为一个小小的操作失误，有时候则是因为一系列错综复杂的因素，导致了悲剧的发生。侧翻通常发生在重心高的大中型客货车中，侧翻事故不容小觑，我们当然希望只提供一两个小窍门就能帮助你避免侧翻事故的发生，不过事情没那么简单。事实上，侧翻事故的成因五花八门，以下列出的仅仅是迄今为止最显著的若干情况。了解这些成因的影响机理，才能更加自觉地遵守相关安全操作要求，这也是防御性驾驶反复强调的。

（1）载荷分布不均。

如果你是货车驾驶人，那么出行前装载货物以及运送过程中卸货时，都要认真检查载荷分布是否均匀，约束方式是否得当。装载时，尽量把重的货物置于底层，车辆重心过高，可能导致行车中在很低的速度下都会侧翻。如果运载的是液体的话，那么就要格外小心局部载荷了。流动的液体可能造成车辆突然侧翻，哪怕是平稳制动或转弯的情况下，如果液体装载不满的话，这种影响更加明显。值得一提的是，驾驶罐车运载液体时，除了转弯带来的影响以外，直线行驶制动时同样可能由于液体惯性前冲影响制动效果（图3-10），这就要求货车驾驶人比驾驶其他车辆保持更大的前视距离和缓冲空间。

图3-10　运载液体

（2）车速过快。

车速是侧翻的重要致因之一。转弯或下坡路段之前的限速标志，有时候对大型车辆来说未必完全准确，大型车辆的速度限制应该更加严格。即便在平缓的路段也要放慢车速，如果后面有驾驶人不耐烦地催促，也不要因此而提高车速，毕竟不耐烦是他们的，但高速行车产生的风险则都是自己的。

（3）不良行车条件下未能及时调整驾驶行为。

有些驾驶人不论在何种天气下都保持相似的跟车距离和行车速度，而不会选择根据具体情况适当调整。在光线不良、路面附着力不足等特殊情况下，尤其容易发生侧翻事故（图3-11）。遇有恶劣天气或特殊路况时，应谨慎驾驶，降低车速，增大跟车距离，及早平稳缓慢制动，尽可能地增大己车周围的缓冲空间。当行车条件极端恶劣时，是冒险继续行车，还是找个安全的避风港静待行车条件缓和，完全取决于驾驶人自己。作为现场唯一能判断事态严重程度的驾驶人，只有你自己能做出抉择，当然这是需要长期的驾驶经验作为基础的。

图 3-11　不良天气易侧翻

（4）爆胎。

日常轮胎检查中，你可能会发现轮胎损伤、异常磨损、胎压不正常等问题，这些都有可能导致爆胎。行车前例行检查和日常维护都要重视轮胎状况，尤其对转向轮的轮胎更要格外重视。车辆在发生爆胎时，转向盘会向一侧偏转，驾驶人此时容易下意识地回转转向盘，容易引发车辆的侧翻。在这种情况下，你最好的办法就是握稳转向盘，根据道路交通情况进行制动，但是作为防御性驾驶，我们的目的显然不全是让你能够在这种情况下安全停车，我们的目的是不让爆胎发生！所以，不要忽视日常对轮胎的检查，这几秒钟的时间，往往就能让你避免出现爆胎，甚至翻车的惨剧。

（5）"绊倒"。

当轮胎磕碰到路肩、车轮驶出路外或者驶入柔软路面时，都有可能造成车辆的"绊倒"或者掀翻。重心很高的车辆，即使很小的磕碰都有可能翻倒，当然这在一定程度上也取决于侧倾稳定性的设计指标。大中型客货车驾驶人，必须格外小心，转向盘一个小小的操作失误，都有可能导致严重的事故。通常来讲，当驾驶人行车中遥望远方前视距离足够时，他们能够保持正确的行驶方向，这也是防御性驾驶保持足够前视距离基本要求的重要原因。

（6）行驶轨迹偏移。

所谓行驶轨迹偏移，就是指汽车列车在直线行驶时，挂车后轴中心相对于牵引车前轴中心的摆动幅度。根据我国机动车运行安全技术标准，铰接列车、乘用车列车和中置轴挂车列车应小于 110mm，牵引杆挂车列车应小于 220mm，超出即为行驶轨迹偏移。行车中牵引车转向轮可能运转良好，但挂车后轮可能出现驶出前车范围的情况，这也可能导致侧翻，又称 V 形弯（jack-knife）（图 3-12）。车速过快、制动过猛或湿滑路面附着力不足，都容易造成牵引车和挂车在纵向轴线之间的角度过大，一旦制动，纵轴方向车辆失控，侧向拉力就会产生，这通常会造成牵引车或挂车厢体的侧滑错位。密切关注车速情况，频繁检视后视镜，转弯时要特别警惕挂车运行状态。

（7）应急避险的不当操作。

行车中有时会发生紧急情况，比如车轮驶出路外，或者货厢摇摆等。紧急情况发生时驾驶人有的反应过度，有的惊慌失措，他们会不顾一切地猛打转向盘，试图恢

图 3-12　V 形弯

复对车辆的控制，重新驶回路面。不过事与愿违，有时候这样的反应反而加剧了问题的严重性。他们本来经历的是一个虽然危险但还能挽救的局面，但这么一来，却彻底失控了。虽然情况各异难以一言概括，但绝大多数情况下合理的应对措施应该是降低车速（松抬加速踏板而不是紧急制动）并保持车轮在路肩上继续行进。不要尝试着过早急打转向盘，试图将车辆驶回路面。一旦能够逐渐降低车速，那么自然就能使车轮在低速的状态下回到路面上来了。紧急情况发生时切忌惊慌失措，尽量不要踩制动踏板，争取在平稳减速的同时控制方向，小心翼翼地修正。

现在请回到上文提到的案例中：老张在事故发生的过程中犯了几个错误？都是什么呢？请花上几分钟重新阅读一遍那个故事，看看从这个虚构的事故中你能得到什么启示。

7 安全通过交叉路口——预防交叉路口事故

每一天都有成百上千起交通事故发生，这些交通事故既有发生在乡村道路的，也有发生在高速公路的，但是发生交通事故最多的地点，却是城市交叉路口。这是为什么呢？想象这样一个交通环境：大量的机动车快速移动，且方向错综复杂。更复杂的是，非机动车和行人"自由行动"难以预测。如果刚好赶上交通拥堵、视线遮挡、光线不良、恶劣天气这些干扰因素，交通环境就更加复杂多变了。这些因素对于驾驶人来说都是麻烦，它们每天都在不停地混合、变化，其结果就是，

防御性驾驶

成千上万的交叉路口就这样存在着,每次出行都会遇到。

正是由于交叉路口的复杂性,预防交叉路口事故的要求同样是多种多样的;以下是经过长期实践检验总结出来的安全驾驶提示,学习掌握并反复实践可以有效提高交叉路口通行的安全性。

(1)保持警惕。

有些驾驶人从来没有发生过交叉路口事故,甚至对交叉路口的危险性毫无警惕,还会对此沾沾自喜,因为他们还没有为自己或者别人犯下的错误付出过代价。从某种程度上看,每一次他们草率的通过交叉路口,侥幸没有受伤的经历都助长了他们不认真对待交叉路口的态度。潜意识里他们逐渐自信起来,觉得可以一次又一次侥幸过关。然而安全隐患是个概率性的事情,反复如此,难免发生交通事故。要避免交叉路口事故,首先就要对交叉路口存在的安全隐患抱有足够的重视。任何一个交叉路口都有可能成为潜在的事故地点。

很多驾驶人在通过交叉路口时都只是直勾勾地盯着前方,似乎只有正前方才有可能发生危险。实际上,前方不过是存在安全隐患的四个方向之一而已。侧面快速驶来的车辆同样可能造成严重的伤害;如果你紧急制动时,后方车辆也可能发生追尾事故。只有察觉了潜在危险的存在,才能良好应对。

(2)提前扫视。

交叉路口中各种机动车、非机动车和行人,从不同的方向以不同的速度在行进,使得交叉路口交通环境复杂多变。驾驶人必须观察判断大量的信息,进行无数准确而迅速的判断决策,才能安全通过。驾驶人获取的信息越少,决策的时间越短,反应错误的可能性越高。驶近交叉路口时,应提前观察扫视,至少应提前250m的距离观察周围的信号灯、车辆、行人、建筑物等任何有可能存在安全隐患的事物。这种提前观察可以给自己留有时间去分析前方的情况,也可以保持放松的情绪去从容应对可能出现的意外。

(3)速度控制。

路遇险情时能否转危为安,很多时候直接取决于车速的快慢。因为险情随时可能出现,有可能是在你转弯时,也有可能是在你通过交叉路口时,因此,保持较低车速通过交叉路口至关重要。对于通过交叉路口来说,没有统一数值适用于任何情况下的车速选择,但有一点是不变的:车速越高,停车的时间就越长,所需空间就越大。

如果是转弯的话，车速对操作安全性影响显著，这是因为改变了行驶方向，也就随之改变了视线观察的方向，也就是说，你即将看到的都是新的内容。那么，既然观察的内容都改变了，当然就需要时间来消化和反应。因此，对于转弯通过交叉路口最重要的提示就是，车速的选择应该以交通环境的复杂性以及个人驾驶反应能力来决定，而不是由所驾车辆转弯运动稳定性来决定。理解这一点非常重要，否则就相当于由车辆而不是驾驶人本身来决定如何驾驶机动车了——这显然是荒谬的，虽然一些人就是这么做的。

（4）空间规划。

既然交通事故发生的机理在于两个以上的交通参与者都试图在同一时间占据同一空间，那么只要你始终保有独立的空间，就永远不会发生事故。通过交叉路口时，对车辆周围的空间作好规划，有了空间就有了选择的余地，而选择的余地，正是意外情况发生时你最需要的。

停车时，与前车保持一辆车的间距，差不多5m左右，这样一旦被后车追尾，也不至于再追撞前车，而且如果前车发生故障的话，你也不用倒车，就可以直接绕过去。这个法则同样适用于你作为头车等候交通信号灯放行的时候，与停止线保持5m左右的距离，即便你被追尾也不至于撞上前方的行人或冲入路口。

（5）倒数信号灯。

倒数信号灯可不是为了一变绿灯就尽快加速冲入路口，而是提前算好变灯的时机，让自己做好准备。大多数交叉路口事故都是变灯之后几秒内发生的，也正是这几秒的时间，给你避免卷入交叉路口事故的机会。等待变灯时，最好在绿灯亮了一会儿再通过路口，这样可以避开那些处于红灯方向的车辆——即便个别驾驶人由于没看到红灯或判断失误，也不会因为闯红灯而与己车发生碰撞了。

倒数信号灯的另一个目的是避免停车，行至距离交叉路口较远位置就应该提前观察信号灯情况，以便合理控制车速，让自己更加从容。避免停车不但可以节省燃油和维修车辆的费用，还可以降低追尾事故的风险。只要车辆没停下来，并且你对周围情况保持警惕，那么就总能及时脱离险情；一旦停车，就等于失去了车辆操控的能力，只有再次起动才能重新恢复机动性。

（6）避让行人。

尽管家长们都会教育孩子在过马路时要左右观察，但是孩子、甚至是大人有时候还是会忘记。颇具讽刺意味的是，那些粗心大意的行人似乎要凭借可怜的"保护"（他们的衣服）来挑战车辆的钢筋铁骨。不管是他们自信驾驶人都会观察到他们，还是他们自己保持全神贯注，又或者是他们本身就不负责任，你作为一名驾驶人，都有义务去保证他们的安全。不要想当然的只留意其他机动车的情况而忽视了行人，因为行人与机动车相撞是最常见的交叉路口事故类型之一。即便行人违反了通行规定，也由着他们好了——坚持路权的价值，当然不如保护生命那么重要。

（7）内轮差。

前面介绍了车辆转弯时存在内轮差的情形。由于内轮差的存在，车辆转弯时，前、后车轮的运动轨迹不重合，通常车辆越长，内轮差越明显（图3-13）。在行车中如果只注意前轮行驶轨迹能够通过而忘记内轮差，就可能造成内侧后轮驶出路面或与其他物体碰撞。

图3-13 内轮差

在交叉路口转弯时，经常会遇到人机混行、机非混行的路况，特别是当你驾驶的是大中型客货车时，由于车辆自身长度较大，转弯内轮差明显，尤其应当注意提前观察。转弯前应降低车速，通过转弯一侧后视镜并转头观察车辆侧后方情况，确保视野盲区内没有其他交通参与者从后方驶来或者处于内轮差区域。右转弯时可以请副驾驶乘员等随车人员辅助观察情况，交通流繁忙时转弯可酌情轻按喇叭，提示其他车辆和行人注意自己的行驶状态。

（8）转向灯。

传统驾驶一般要求驾驶人在转弯时提前几秒或者多少米开启转向灯表明自己的行驶意图，然而实际行车时即便是驾驶人记住了提前量的要求，也经常会对30m、100m还是200m的距离没有把握。我们建议的是，驾驶机动车时一定要保有这样的观念：驾驶行为要与驾驶环境相适应。如果车速较快，那么最好提前一些开启转向灯，这样前后方驾驶人都有时间去观察理解你发出的信号，并且做好准备。不管车速快慢，开启转向灯的时机都应该把握好，在需要发出信号的时候及时发出。

对于一些驾驶人来说，转向灯只是个行车礼节而已，只是他们初学驾驶时被告知要做的事情之一。对于另一些人，转向灯甚至是个麻烦事儿——让别人使用就好了。还有一些人简直拿转向灯当成"致命武器"在使用——由于他们的疏忽大意，会给出错误的令人误解的信息，一旦他人没有仔细思考，直接按照转向灯给出的含义作出反应，那么他们就有可能成为事故的牺牲品。不要仅仅按照他人转向灯的"字面含义"去理解他们的意图，转向灯的价值在于供你参考其他驾驶人可能会做什么，而不是判定其他驾驶人一定会做什么——要对其他驾驶人可能发生的错误做好准备，因为每个人都有可能犯错。

8 安全倒车——预防倒车事故

对于每一个驾驶人来说，倒车都是再熟悉不过的事情了。然而，却很少有驾驶人真正清楚，倒车的危险性到底有多高。很多运输企业反映，他们发生的事故中有 30% ~ 40% 都是倒车事故，如果考虑到日常行车中倒车的时间占比连 1% 都不到，那么相比于正常行车，倒车发生事故的概率实在是太高了。

（1）不倒车就不会发生倒车事故。

要避免倒车事故，最好的办法就是不要倒车，只要不倒车，就肯定不会发生倒车事故，这似乎是个再明白不过的道理。然而遗憾的是，绝大多数驾驶人虽然懂得这个道理，日常行车时却很少把"不倒车"作为停车操作的首选目标。到达一个地方停车前，先想想怎么驶离，如果停定驶离都不必倒车，那就是最理想的停车选择了。停车时最好能找到贯通式的停车位（图3-14），或者是选择路边侧方停车位。无论什么时候，都要有这样的观念，那就是尽量争取不要倒车。

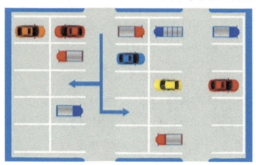

图 3-14 选择贯通式停车位

（2）倒车基本原则。

你总是会面临不得不倒车的时候，此时就必须充分理解倒车的危险所在，并懂得如何去克服这些危险。倒车时有很多目标需要观察，其中一些很容易被忽视。往往倒车事故发生之后，驾驶人才注意到那些在起动车辆之前就应该看到的目标。不要做这样的"事后诸葛亮"。

操控车辆倒车时，做每个操作前都应做好对应的观察，尤其是在复杂的交通环境下倒车，车辆周围的事物还在不停变化。即便是有经验的驾驶人，身在驾驶室中有时也会由于车辆结构等原因，对一些位置观察不到。在事故调查报告里，视野盲区往往是倒车事故的罪魁祸首之一。如果对要倒入的位置观察不清，那么你就有责任去解决这个问题。对于驾驶人来说，下车去确认视野盲区的情况，或者从车外先观察车辆周围情况，再上车开始倒车，都是非常容易的事情。当然，如果有个可靠的人从旁指挥，对于避免倒车事故也是非常有用的——这里必须强调一点，所谓"可靠"，最起码应该是个具备实际驾驶经验的驾驶人，否则，从旁指挥未必能起到预期的作用（图3-15）。

图 3-15　指挥倒车

（3）持续观察全方位情况。

检查过倒车区域的情况，那你就是安全的——至少在几秒内是这样的。一旦车辆开始移动，周围的环境就随之发生变化，也就是说，行人、自行车、其他车辆都可能进出你所要倒车的区域。为了时刻保持关注，必须要保持持续观察。

很多人认为，所谓倒车事故，都是发生在车辆后部的事故。实际上，很多倒车事故都是在驾驶人边倒车边看后方区域的时候发生的。如果倒车的时候还要转动转向盘，那么车辆前部就有可能扫到别的东西，也就是说，一些倒车事故是发生在车辆前部的。怎么办呢？

答案就是，倒车过程中既要观察后方倒入区域，还要兼顾车辆前方和侧方的情况。当然，前后左右都要扫视肯定要多花一点时间，但是考虑到日常行车中倒车本就发生的很少，那么多花点时间仔细观察也就无所谓了。

（4）停车策略。

选择停车位的时候，应该考虑到如何能选择有助于预防事故发生的停车位。很多驾驶人在选择停车位的时候，只想着怎么方便怎么来。他们觉得最佳停车位就是那些可以最快到达目的地的位置。每一天，都有很多驾驶人为他们的懒惰付出沉重的代价。正是因为大多数驾驶人都在寻找同样的停车位（通常就是离门最近的位置），所以这样的区域行车和倒车都最多，事故当然也就最多。有的时候的确需要紧挨着目的地停车，但如果没有这种实际需要的话，那么试着把车停在最空闲的位置，争取车辆四周都有空间。这些空间能够为发生的操作失误留有余地，而在停车的地方，操作失误是很常见的。

（5）有效使用信号。

倒车时需要观察的目标非常多，这一点对于别人来说也是一样的。你和其驾驶的车辆对于其他驾驶人来说，也不过就是众多需要观察的目标中的两个而已。当你倒车的时候如果发现另一个行人或者驾驶人可能对你产生危险，那么最好能与他产生某种形式的交流，这样对双方都好。有时候通过眼神交流可以起到作用，当光靠眼神无法引起他人的注意时就需要主动交流了，提醒别人注意你的存在，了解你的意图，比如轻按喇叭，开启灯光，或者缓慢地移动车辆，避免潜在的危险。倒车时如果发现别人突然不在视野范围内了，那么就停下来等一会儿，确认了情况再作处理，通常这是最安全的办法。

倒车事故是最常见的事故类型之一，同时也是最容易预防的事故类型之一。以上述方法和技巧，再加上缓慢行车这一基本要求，基本可以帮助你避免这些令人沮丧的危险事故发生。

9 安全通过特殊地点——交通冲突容易造成事故

当驾驶机动车通过人行横道、学校、居民区等特殊地点时，要注意观察其他车辆、非机动车及行人的情况，保持较低车速谨慎通过，必要时轻按喇叭示意他人自己的存在。特别是大中型客货车驾驶人，由于驾驶的车辆体积庞大，且操控

防御性驾驶

性能不如小型汽车敏捷,因此,更容易在这些地点发生交通冲突,甚至是交通事故。

（1）人行横道。

驾驶车辆接近人行横道线时,应提前减速观察,随时准备停车礼让行人。遇行人或非机动车通过人行横道时,应及时停车让行,不得抢行或绕行。通过人行横道时,注意观察人行横道左右两侧是否有行人、非机动车通行。尤其是当你看到人行横道灯是绿色且有行人站在人行横道边上等待通过马路时,你应该预见该行人可能按了通行按钮,车辆行驶方向的指示灯将要变为红灯,行人将会迅速通过人行横道。当车辆方向的人行横道灯由红灯变为绿灯时,驾驶车辆通过前应注意人行横道上是否还有未通过的行人。如果看到人行横道前有停止的车辆时,一定要停车,不要盲目通过,前车可能是在停车避让行人。不要在人行横道及附近超车,尤其要提防那些行动缓慢的人,可能还滞留在人行横道上（图3-16）。

图 3-16　通过人行横道

（2）学校。

驾驶车辆行至学校附近或有注意儿童标志的路段时,一定要及时减速,注意观察道路两侧或周围的情况,时刻提防学生横过道路。尤其在上学或放学时段,应随时准备避让横过道路的学生。学校区域交通情况的时限特征突出,即上下学时段学生和家长聚集,机动车、非机动车和行人混行,且儿童天性活泼,极有可能在道路附近追打玩耍,因此,行经学校区域时应提前减速,注意力集中,密切关注车辆周围动态,防止事故发生。低速是复杂交通环境下确保安全的前提条件,通过学校区域时,严格按照限速标志行驶是最低的安全要求,你应该根据当时的交通情况,进一步降低车速,确保安全（图3-17）。

图 3-17　通过学校

（3）公交车站。

超越停在公共汽车站的车辆时，应注意减速慢行，保持较大的横向安全间距，注意避让超越公共汽车的车辆。此外，公共汽车站等候的乘客较多，停靠的车次也多，乘客上下车时经常会出现从车前、车后横穿道路或从远处追赶停在车站的公交车等情况。为了安全应对这些复杂多变的情况，驶近公交车站时应提前减速慢行，仔细观察情况，超越刚起步的公交车时，应随时做好减速停车的准备，防止行人从公交车前跑出，发生碰撞。公交车搭乘人员较多，车身庞大且动力性、灵活性都不如小型汽车，为了多数人的安全舒适考虑，驾车行经公交车站时，应对驶近或驶离的公交车充分礼让，绝不能抢道或强行超车，因为公交车的急停急起将直接给车内乘客带来不适甚至危险（图3-18）。

图 3-18　通过公交车站

（4）居民小区。

当你行驶在居民小区内时，应当降低行驶速度，避让行人；有限速标志的，

防御性驾驶

按照限速标志行驶。居民小区内一般不属于常规的道路通行环境，交通标志标线较少，道路相对狭窄，人车混行现象普遍。驶入居民小区后应尽量低速慢行，避让非动车和行人，不要随意使用喇叭，夜间不要开启远光灯，以免对小区居民正常生活造成影响。初次来到一个居民小区时，应小心谨慎驾驶，需要停车、倒车、掉头时应充分观察周围情况，必要时下车观察，确认安全（图3-19）。

图3-19 通过居民区

10 驾驶经济性——环境安全也是安全

能源——我们的星球赖以生存的基础，很多都濒临匮乏。日常生活中对人类影响最大的能源就是化石燃料了，环顾四周，几乎每样东西都少不了化石燃料的驱动。离开了能源，离开了化石燃料供给，这个世界将变得面目全非、难以想象。令人遗憾的是，我们中的绝大多数人，在日常行车中都会以不同的方式浪费燃油。

不管你驾驶的机动车是何类型，驾驶技术对于燃油消耗的影响都是最关键的因素。一旦掌握了节油操作技巧，相当于节省了好大一笔费用。研究表明，良好的驾驶技术可以节省多达37%的燃油消耗。下面介绍的6个操作要领都有助于降低燃油消耗，在缓解全球能源危机、保护生态环境的同时，降低自己的油耗费用，何乐而不为呢？

（1）要领1：在哪儿等待，由你决定。

此时此刻，全世界各地都有成千上万的驾驶人正在交叉路口前等待放行，良好的驾驶技巧可以缩短等待的时间——秘诀就是尽可能地前视距离远一些。前文中提到，防御性驾驶要求至少保持15s的前视距离，当然30s以上就更好了。如果远远地看到红灯，或者即将变为红灯，那么就应该提前松抬加速踏板，让车辆保持滑行状态。若周围其他驾驶人没有防御性驾驶，你会看到周围其他车辆快速地超越过去,驶近交叉路口再紧急制动,进而形成了拥堵密集的车流。相信这时候你就会更加直观地理解,为什么那么做既没有意义,也没有必要,而且还很费钱。选择哪种开法,其实就是选择是在宽松的空间内主动减速等待,还是一头扎进密集车流里拥挤不堪地等待变灯。如果加速甚至保持原有车速有害无益的话,那么不妨松抬加速踏板,减少油耗(图3-20)。

一般型驾驶人:3~6s的前视距离(50~100m,时速40km/h)

防御型驾驶人:15s的前视距离(250m,时速60km/h)

图3-20 足够的前视距离

正确的前视习惯可以节省燃油消耗,除了驶近交叉路口这种情况以外,保持充足的前视距离还可以使你提前发现路面问题,避免驶入拥堵地点,节省油耗。扫视前方路面可以发现,出现交通事故、障碍物或者其他干扰因素时,交通拥堵就会形成,如果提前发现了路面问题,就可以通过变更路线或者驶出主路等方式绕过障碍。提早发现问题有助于节省时间和油耗,而那些后知后觉的驾驶人则要浪费这些宝贵的东西。

(2)要领2:学会使用"备刹车"。

车辆行驶如同一种投资,投入的是燃油消耗和机械磨损,产出的是行车速度,那么投资的回报就是到达目的地。特别当你是大中型客货车驾驶人,同时承担运输任务的时候,投资的最大期望都是最有效地利用燃油和时间。然而,当车辆停下的时候,就失去了投资的产出——行车速度,怠速状态既消耗了燃油也消磨了时间,相当于白白的投入而没有产出。再次起步后,就相当于额外投资了,因为从停定状态到重新恢复车速,又要消耗更多的燃油。当然,现实交通环境下谁也不能永不停车,但是每少停一次车,都是一次节省油耗的过程,同时也是对环境的一种保护。

通过遥望远方提前发现路面障碍情况,松抬加速踏板还不够的话就应该轻踩制动踏板,提前平缓减速保持车辆缓慢前行。只要车辆还在行进,那么你的投资

防御性驾驶

图 3-21 "备刹车"

就有所回报,而高明的驾驶技术就是保持车辆始终处于运动状态。所谓"备刹车",也就是提前采取制动(图 3-21),其目的是为了保持车辆一直在运动而不至于停车。除了节能减排和降低磨损,避免车辆停定的意义还在于,一旦出现险情可以立即作出反应,而不用经历起步的过程再进行避让操作。

(3)要领 3:保持适当跟车距离,确保有效视认性。

很少有驾驶人真正理解跟车距离对保持视认性和节省油耗的意义——一旦前方有车辆遮挡视线,那么遥望远方就变得困难甚至不可能。即使是跟驰小型车辆过近也会造成这样的影响,不管你所处驾驶位置的高与矮。跟车过近时,你会花费过多时间密切关注前车的行驶动态,从而减弱了对其他车辆的有效观察。这是一种潜意识的行为,因为每个人都知道一旦前车突然减速就会很快影响到自己,如此一来,跟车过近时不自觉地就会把视线和注意力过多地集中在前车上。每个人的观察能力都是有限的,过于关注前车情况,自然就会忽视对周围路况的观察。我们建议跟驰中小型车辆时应保持 4s 的跟车距离,跟驰大型车辆时还要更远才行。如果天气恶劣或者前车对你的视线遮挡很严重的话,那么跟车距离还要适当增大。只有车前空间开阔了,你才能保持前视距离的要求,可以提前发现路面状况,防止它们对你的燃油消耗造成更大的影响。

(4)要领 4:平稳操作。

行车中猛烈的驾驶操作既毫无意义,又消耗巨大。有些驾驶人乐于在交通流里钻入钻出,结果就是频繁地起步停车,他们还得频繁地给车加油。他们的驾驶风格不合理,而且还很贵,这还没算上车辆机械磨损造成的额外花销。变速器、制动器、轮胎、发动机等等都会因此发生额外的磨损,寻根溯源,就是低效的驾驶习惯所致。对于那些不成熟的驾驶人来说,驾驶技巧的高与低,就取决于持续不断的竞速,对于他们来说,超越其他车辆似乎就是胜利的表现。这些人在日常行车中的目标永远是向前、向前、再向前,虽然"前方"永远无法到达。日久天长，或者经历过事故了，他们就会发现，原来自己对驾驶目的的理解根本没有意义，而且还会耗资不菲——莽撞、高速、频繁的发动机运动带来的是额外的燃油消耗。

行车中只需遥望远方，对路面状况做出合理的反应即可。发动机工作状态的剧烈变化，往往就是前视距离不够带来的后果，因为路面情况发现的不及时，只好通过紧急操作来作出反应，比如紧急制动、紧急加速等。猛烈、莽撞的驾驶行为对你来说肯定是不舒服的，对于附近的其他交通参与者来说也是不安全的，稍加训练就能解决这个问题，并且可以节省大量的燃油消耗。高明的驾驶技巧就是持续不断地做出正确的判断，与此同时还能享受驾驶经济性的好处。

（5）要领5：保持合适的胎压。

日常行车中轮胎很容易被忽视，温度、时间都会对胎压产生显著的影响。胎压不足时，行车中将会面临更大的阻力。研究表明，胎压不足状态行车可能提升3%～5%的燃油消耗，另外，胎压不足时轮胎的磨损也更厉害。有些驾驶人觉得他们可以目测胎压是否合适，那是不行的。如果目测都能看出胎压下降了，那么通常胎压已经严重不足了，此前的行车过程已经造成了额外的油耗或者严重的磨损。如果车辆本身没有装备胎压自动检测装置的话，那么唯一的胎压检查方法只能是通过胎压测试计来进行（图3-22）。我们建议每个月检查一次胎压，并养成持续的驾驶习惯。胎压问题或许不那么起眼，但却能实实在在地帮助我们降低开销、节能减排。

图3-22　检查胎压

（6）要领6：经常更换空气滤清器。

尽管空气滤清器就在发动机舱盖的下面，但却比轮胎更容易被忽视。实际上，空气滤清器太脏会降低多达10%的燃烧效率。如果空气滤清器没有周期性的保养，那么发动机为了有效吸入空气保持运转将举步维艰。空气滤清器造成的负面影响可能早期还不明显，但肯定会对燃油经济性造成影响，忽视了空气滤清器的维护，还会加大发动机的磨损，增加维护费用。现实生活中，有些人数月甚至数年都不

防御性驾驶

会对空气滤清器做一次维护，这么做如同在油箱上打了个小孔，燃油就这么毫无意义地流失了。更换空气滤清器的具体要求，可以参考机动车使用手册，如果行车环境多风多沙，那么更换的频率就要高一些。驾驶经济性远不止这6个要领，你需要通过这6个要领举一反三。图3-23所示为日常行车驾驶经济性操作要求，希望能够给你更多的知识和启发。

全球范围内，燃油的需求都在持续增长，化石燃料对环境造成的影响已经开始作用于我们每一个人。通过简单的训练就能形成高明的驾驶技巧，我们每一个人都应该对此做出改变，从我做起，从今天做起，哪怕是一点点也好。

图 3-23

保持合理车距，避免频繁加减速

行驶过程中应尽量保持匀速行驶，而跟车距离过近时就需要增加不必要的加速和减速操作，城市道路行驶时会增加2%的燃油消耗，公路行驶时会增加6%。保持合理车距，应根据周围的交通状况选择适当的车速，提前发现情况时通过松抬加速踏板降低车速。

驶近坡顶时松抬加速踏板提前减速

日常行车中难免需要减速，提前松抬加速踏板是个既安全又节能的办法。驶近坡顶、交叉路口或下坡路段时，提前松抬加速踏板可以通过发动机制动减速，节约大约2%的燃油消耗。

合理操作空调避免无谓浪费

车内空调按钮A/C是对车内空气进行冷却和除湿的装置，如果只需要暖风的话，应该关闭A/C按钮，否则将额外增加大约10%的燃油消耗。夏天需要开冷风时，也不要将温度设得过低。

图 3-23

第三章 防御性驾驶的主要方法

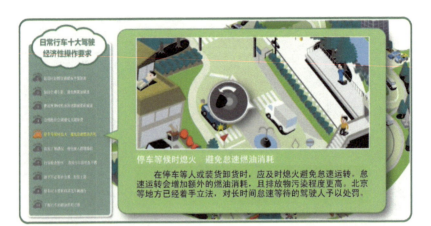

停车等候时熄火　避免怠速燃油消耗

在停车等人或装货卸货时，应及时熄火避免怠速运转。怠速运转会增加额外的燃油消耗，且排放物污染程度更高。北京等地方已经着手立法，对长时间怠速等待的驾驶人予以处罚。

提前了解路况　避免驶入拥堵路段

出行前充分了解路况信息和交通管制信息，利用地图和车载导航等选定合适路线。行车中随时查看道路交通状况显示屏，绕开拥堵路段，从而节约时间和燃油消耗。

行前检查胎压　养成行车前检查习惯

请养成行车前检查轮胎胎压的习惯。当胎压低于标准值时，城市道路行驶会增加大约2%的燃油消耗，公路行驶则会增加大约4%的燃油消耗。同时，定期更换发动机液、机油滤清器、空气滤清器等零部件也会降低燃油消耗。

图　3-23

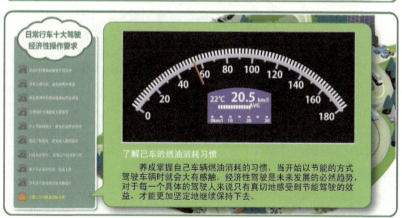

图 3-23　日常行车驾驶经济性实用图示

注：以上图示参考日本 JAF 资料。

防御性驾驶

第二节 特殊路况驾驶技术

1 山区道路

驾驶车辆在山区道路跟车行驶时，最重要的事就是控制好车速，并与前车保持足够的安全距离。下面是在山区道路可能碰到的情况以及应该掌握的做法：

（1）下坡行驶。

当在下坡路段行驶时，至少需要保持 5~6s 的跟车距离，尽量不要去做加速超车这种极度危险的事情（图 3-24），因为在这种环境下，一旦处于加速或超越状态，任何危险的出现，都会让你置于极度危险的境地。所以，集中注意力，降低车速，加大与前车的安全距离，密切观察前方路况，随时准备制动停车，安全驶离下坡路段。

图 3-24　下坡行驶

（2）上坡行驶。

山区道路上坡驾驶时，应判断坡道的坡度大小，如果中途无法换挡，为保持车辆有足够的动力爬坡，提前换入中速挡或低速挡，切不可等到车速过低时再进行减挡。通过短而陡的坡道时，采用加速冲坡的方法，在接近坡顶时应提前松开加速踏板，利用惯性冲过坡顶。到达坡顶后，适时控制车速，防止前方视线盲区内突然出现车辆措手不及（图 3-25）。

图 3-25　上坡路段

（3）山区会车。

在山区道路上会车，最重要的就是做到"礼让三先"——先慢、先让、先停，要选择安全地点会车，禁止加速或紧靠道路中心会车，以防发生剐蹭事故。会车前发现预计会车地点存在危险时，可提前停车改变两车交会位置，主动选择安全地点会车（图3-26）。会车地点在弯道、悬崖旁等地势比较危险时，应停车观察路基情况，在确保安全的前提下低速会车；在狭窄坡道上会车时，应该让上坡车先行，如果下坡车已行至中途而上坡车还未上坡时，下坡车先行；在狭窄的山路上会车，不靠山体的一方先行。山区道路会车时应注意路缘路况，行经被杂草覆盖，或行经雨水浸泡后的山路路缘时，需特别小心，因为你不知道杂草之下是什么，或者路缘是否松动。狭窄坡道相当于窄路和坡路的双重情况，因此，狭窄坡道会车应同时遵守窄路会车和坡路会车优先通行规定。你需要注意的是，会车先行或让行都是基于安全行车的原则提出的，在驾驶实践中应该灵活掌握。狭窄坡道会车时首先应降低车速，必要时可在两车驶近时提前沟通，友好协商合理安排会车。

图 3-26　山区会车

防御性驾驶

（4）山区停车。

首先要明白的是，山区道路出现危险的概率要远远高于普通道路，如果选择停车，也就把自己置于静止的状态。一辆静止的车辆应对危险的能力可比运动中的车辆要差得多，所以应该尽量避免停车，确需停车时应选择平坦或略有下坡且前后视距较远的路段、靠山一侧较宽的位置停车。避免在落石路段、常发塌方、泥石流路段停车。坡路停车与平地停车相比，车辆的稳定性下降，因此，停车时应尽量选择相对平坦的地点，停车后应使用驻车制动器驻车，如坡度较陡，还应采用垫塞石块等辅助方法保证车辆不溜滑（图3-27）。

图3-27　山区停车

2 夜间行驶

人的视力受光线的影响非常的大，换句话说，你的观察质量在夜间或者说是弱光条件下是非常差的。这主要体现在三个方面：一是在灯光的影响下，你的视野将由宽变窄，周边观察能力下降；二是夜间物体的色彩感区分度下降；三是人类的眼睛存在暗适应，你需要一定的时间来适应弱光环境，这个时间会随着年龄的增长而变长。

当白天长时间的暴露于刺眼的阳光中时，会暂时损害夜间视力。为了缓和这种影响，在强光下你最好带上太阳镜，并在弱光条件下取下。如果经过一整天的驾驶后，在夜间还将继续驾驶，那么在夜晚降临时，你应该停车先休息一会。

有些汽车设计本身会影响你夜间的观察质量，虽然对此你无能为力，但是你应该理解他们是怎么影响你的夜间观察质量的。有色玻璃能在白天帮助维持车厢内部的温度，但是同时也会在夜间降低你的观察质量。绿色或蓝色的仪表板照明指示灯在夜间的可视性很差，因为这些颜色处于光谱的最后，因此，在弱光下眼睛对它们很不敏感。许多车辆都配备了红色的仪表板照明指示灯。红光能使得驾驶人更容易看清仪表盘，而且不需要不停地斜视仪表盘，从而从总体上减少了疲劳，使得你的夜间驾驶更为舒适。

夜间灯光有照明和信号两方面作用，为告知其他道路使用者，应在灯光能显示出车的轮廓时就开启灯光，一般与城市路灯开亮的时间相同。在有路灯、照明良好的道路上行驶时，应使用近光灯；在没有路灯或照明差的道路上行驶时，可使用远光灯，但车速低于 30km/h 或驶近其他交通参与者时，不得使用远光灯。

夜间跟车行驶时，如果开启远光灯，将会对前方车辆驾驶人的观察造成很大的困扰，因此，应该及时切换为近光灯，并保持较大的安全跟车距离。行车中应注意观察前车信号灯的变化，随时做好减速或停车准备。行驶速度应控制在遇到紧急情况制动时，车辆能在前照灯的照射范围内安全减速停车。夜间会车时，应关闭远光灯，开启近光灯，同时，应加大横向安全距离。夜间行车中如遇对向车，要切实注意右侧行人和自行车。与对向车相距 150m 时，应将远光灯变为近光灯，若遇对方不改用近光，应立即减速并交替变换远、近光灯来示意对方。如对方仍不改变，则应减速靠右停车避让，切勿斗气以远光灯对射，以免影响双方视觉而酿成车祸。

夜间通过交叉路口的主要问题是视距变短，视野变窄，光束以外的路面观察不清楚。为有效降低这一不良影响，应格外小心谨慎，通过路口前适当减速或停车瞭望，充分观察路口周边情况，并通过交替变换远、近光灯等方式提示示意左右来往的车辆和行人注意自己的存在（图 3-28）。需要注意的是，夜间驾驶无论交通环境如何，合理选择车速永远是降低行车风险、提高安全水平的不二法门。

图 3-28　夜间通过交叉路口

防御性驾驶

夜间在照明条件不良的路段行驶,需要对转弯处进行提前判断。灯光照射由路中移到路侧,表明前方可能出现一般弯道,如果灯光随之从道路的一侧移到另一侧,说明即将进入连续弯道。夜间转弯前,应在距转弯150m处交替使用远、近光灯示意;转弯时应关闭远光灯,开启近光灯,低速靠右侧行驶,视线注视到弯道尽头,适时调整行驶方向,并随时做好停车准备(图3-29)。通过连续弯道时,应使用远光灯加强照明效果,如遇前方有车辆通行时,应使用近光灯。

图3-29 夜间通过弯道

3 雨天行驶

雨天行车最大的困难是视线受阻,路面湿滑,路面与轮胎间的附着系数减小,制动性能下降。此时,车辆容易发生滑移现象,应严格控制车速。当车辆发生滑移时,切不可急转方向或紧急制动,应利用发动机制动减速。雨天行车最危险的阶段在于降雨的前期或雨量较小的时段,此时雨水会把路面的泥沙、油污混合在一起,形成泥浆,相当于在路面形成一层润滑膜,湿滑程度与冰雪路面相近,因此,小雨天气下行车速度应降低至正常行车速度的一半左右。然而,很多驾驶人并没有真正意识到小雨天气下路面的真实湿滑程度,对小雨天气的警惕性不够,反而容易由于麻痹引发事故。

雨天环境下,应该考虑到其他道路使用者和车辆同样面对视线不清、路面湿滑等问题,同样容易出现判断误差或操作失误,因此,应与周围的车辆、非机动车和行人保持足够的纵向距离和横向距离,这样可以有效防范和减少事故的发生。雨天行车,当你的视线不清时,应打开前照灯。打开前照灯不是为了照亮我们的行驶路线,而是向其他人员和车辆明示我们的位置。

蒙蒙细雨中的行人和骑车者，因使用雨具致使视线、听觉都受到限制，很难有效的观察到周边的交通情况（图 3-30）。当你在雨中遇到行人或骑车者的时候，要提前减速、鸣喇叭，严禁争道抢行，不要从其身边急速绕过，应与其保持一定的安全距离。特别是撑伞的骑车人，他们对车辆的控制更加糟糕，而且容易出现因机动车临近时惊慌失措导致转向偏移或滑倒等情形。

图 3-30　雨天遇骑车人

遇大雨或暴雨，当风窗玻璃刮水器无法刮净积水时，不要冒险行驶，应选择安全地点停车，并打开示廓灯和危险报警闪光灯，待雨停或雨小时继续行驶。发亮、发白、反光的路面积水会影响你观察道路情况，给行车带来安全隐患。同样，快速通过积水时溅起的水花也会对其他机动车、行人、非机动车造成困扰。因此，行经积水路段时，应及时采取减速或停车避让等措施。

4 冰雪道路

冰雪道路行驶时，路面摩擦系数急剧降低，且轮胎在低温条件下变硬，进一步加大了出现车辆滑移的可能。另一方面，积雪、冰面的强烈反光会影响视线，容易产生视觉疲劳，也越容易出现因观察不当导致的事故。因此，在冰雪道路行车，最重要的是降低行驶速度，必要时可更换专用轮胎或加装防滑链。

如果想在寒冷地区行车表现的从容不迫的话，那么最好使用冬季轮胎，如需长时间在积雪路面行驶时，可使用雪地轮胎（图 3-31）。在积雪较深、路面湿滑的情况下，防滑链比冬季轮胎效果更好，切记防滑链应该装在驱动车轮上。需要注意的是，即便是使用了冬季轮胎或防滑链，冰雪路面行车仍应注意减低车速，单靠安全防护装置无法完全解决冰雪路面湿滑的问题。另外，佩戴墨镜可缓解冰雪路面反光带来的视线干扰、疲劳等情况。

图 3-31　雪地行驶

冰雪道路行车发生侧滑时，应该做的就是沉着冷静、双手稳握转向盘、缓慢制动减速；当车辆方向偏移较大时，可缓打方向修正行驶轨迹。车辆侧滑的修正是通过恢复车轮转动来实现的，车辆发生侧滑时，应松抬加速踏板，向侧滑的一侧转动转向盘，并及时回转进行调整修正。车辆侧滑时，不可使用行车制动器进行紧急制动，因为紧急制动会使车轮与路面的附着力减小，加重侧滑效果。

积雪覆盖的道路，有时沟壑被积雪掩盖，道路轮廓难以辨别，行车时应根据道路两旁树木、电杆等参照物判断行驶路线。有车辙的路段应循车辙行驶，不可紧急转向或紧急制动，以防车辆侧滑偏出道路。路面积雪较多时，树木、电杆等凸出物可用于判断道路边界范围，在交通标志、标线无法识别时可作为行车参考依据。循辙行驶可避免驶入沟渠等危险路段，同时，由于前车的碾压，车辙所在位置路面比较坚实，适合车辆通行（图 3-32）。

图 3-32　冰雪道路行驶

在冰雪道路上跟车行驶，应与前车保持较大的纵向距离，一般为正常道路条件的 1.5~3 倍（图 3-33）。冰雪道路上会车时，应选择比较安全的地段靠右侧慢行，适当增大两车的横向间距，同时注意与路边保持一定距离。

图 3-33　冰雪道路跟车

5 泥泞涉水道路

　　泥泞道路的特点是路面滑、阻力大、附着力小，极易造成车轮空转打滑和车辆侧滑。进入泥泞路段前，应停车查明情况，选择路面比较平整、路基结实、泥泞较浅的路面行驶，有拱度的路面，尽可能在路中间行驶，保持左右车轮高低一致。如有车辙，可循车辙前进，因为车辙路面一般比较坚实，并能限制车轮侧滑的摆动范围。驶入泥泞路段，应选用中低速挡，稳住转向盘低速行驶，一次性平顺通过（图 3-34）。当车辆发生侧滑时，应立即松抬加速踏板，向侧滑的一侧转向修正，切忌猛打转向盘或紧急制动。如果不慎陷入泥泞路段后，应先将车稍向后退出，然后改变车轮行进方向，挂入低速挡，利用发动机的冲力驶出；如果车轮继续打滑时，应立即停车，在轮胎与地面接触根部铺垫柴草、沙石或在驱动轮上缠绕绳索等，以加大车轮的"抓地力"。

图 3-34　泥泞积水道路行驶

防御性驾驶

通过涉水路段前，应停车查明水情，水流超过发动机进气口时不可冒险涉水行驶。涉水驾驶时，应挂低速挡，稳住加速踏板，匀速一次性通过。涉水时，要目视远处的固定目标，不要看水流，以防因视觉上判断错误而导致行驶方向的偏移。驶出涉水路段后，应间断轻踩制动踏板，以恢复制动效果。在通过深积水时，一定要注意以下几点：

（1）不要轻易地将车开进深水中。如果水深达到发动机进气口高度，容易造成发动机被淹，不但会对车辆造成损害，甚至可能造成人员的伤亡。

（2）当积水高度超过车辆底盘时，在积水浮力作用下车辆轮胎作用力减少，车辆极易失控，此时也不宜通过。

（3）当积水高度未达到车辆底盘时，可低速通过。

（4）由于车辆的制动系统在水中通过时会进水，导致制动效能下降，因此，车辆经过积水路面后，应间断轻踩制动踏板把积存在制动系统中的积水排出，恢复制动性能。

（5）涉水驾驶时一旦前行受阻，可挂倒车挡稳住加速踏板，沿原路倒回，不必担心排气管进水导致发动机熄火。

6 桥头跳车

桥头跳车是指在桥梁与路基交界处由于桥台与路堤的沉降不一致，而导致桥头处出现错台，两路面板块高度不一致，致使车辆行驶在这一位置时，产生颠簸、跳跃的现象。桥头跳车的危害主要表现为：影响行车安全、降低行车速度、影响车辆运营费用和加速桥梁及路面的病害，对道路桥梁的运行影响极大。由于桥头跳车是由道路建设质量缺陷造成，当遇到这种情况，只能加大前视距离，提前观察桥头跳车警示标志或路面材质变化位置，减速慢行，最大程度做好路面冲击导致和测量颠簸跳跃的缓冲准备。

7 隧道行车

车辆驶抵隧道前应提前减速观察隧道标志，遇有信号灯控制的隧道时严格按信号灯的指示行驶。进入隧道之前注意观察交通标志，提前将车速降到限速标志标明的车速，并打开近光灯、示廓灯、尾灯，与前车保持足够的安全距离。

进入隧道时，眼睛会有暗适应现象，在这个过程中很容易发生事故，这个情景类似于在电影放映之后进入播放厅，此时会有一个视力逐渐适应的过程。进入隧道时为避免暗适应可能带来的危险，可将脚放在制动踏板上随时准备停车，待看清隧道内情况确认安全后再正常行驶。在隧道内行驶将注视点转移到隧道的远处，不要看两侧隧道壁。在隧道内行驶，没有相关参照物，存在视觉误差，尤其在有坡道的长隧道内，不能凭直觉判断车速，一定要通过车速表确认行车速度。

驶离隧道时，要稳握转向盘，防止隧道口处横风引起车辆偏离行驶路线。驶离隧道，从光线暗的区域进入光线强的区域，同样会出现光线差异，引起眼部不适（明适应），这个时候切勿盲目加速，要知道山区道路隧道出口可能是弯路，应该在视力恢复正常，充分观察路况之后，再做下一步的打算。

8 施工路段

当驾驶车辆通过施工路段时，应当及时减速，服从施工人员指挥，按照指路标志和告示牌指示绕行。你应该意识到施工路段环境复杂，危险性随之增加（如高空坠物、建筑结构松散等原因），因此，不宜停车逗留，应尽快驶离。如果驾驶重型货车在施工区域施工停留时，驶入驶出以前应该认真观察周围情况，有条件的应当安排人员下车指挥，涉及转弯的还要注意内轮差，避免将其他道路交通参与者卷入车下或与建筑物、公共设施等发生碰撞。

9 铁路道口

当驾驶车辆行经铁道道口时，切忌在通过过程中进行变换挡位、调整车速和行驶方向、倒车、超车等行为，这些都有可能导致在铁轨上停车。一旦车辆停在铁轨上无法起动，就面临着极大的危险，因为如果此时火车驶来，而火车无法改变行进轨道，通常也无法根据前方情况减速停车，一旦相撞必然造成惨烈事故。铁路道口的红色信号灯提示你必须停车等待，只要红灯没有停止闪烁，即使栏杆已经开始上升也不要穿越铁路道口（图3-35）。

无信号控制的铁路道口一般地处偏僻路段，火车车次通常较少。但行经这样的路口千万不要放松警惕，应停车充分瞭望，即使是在视野开阔视线良好的情况下也不例外，尽可能消除形成重大事故的安全隐患。停车观察不仅仅是瞭望情况需要,也是通过铁路道口重要的安全驾驶习惯(图 3-36)。

图 3-35　铁路道口行驶

图 3-36　无信号控制的铁路道口行驶

10 高速公路

高速公路属于封闭式道路,交通环境相对简单,但车速较高,且行车场景单调乏味,容易疲惫走神,从而影响正常的驾驶操作。你应该掌握高速公路环境下的防御性驾驶技巧,对于提高行车安全、预防事故非常必要。

(1)出入收费口。

收费口是进出高速公路的"门槛",车流一般较为缓慢,驾驶人按规定依次排队进入即可。从容通过收费口的"秘诀"在于提前观察,通常距离收费口 1~2km 你就应该注意车流的变化,是否有其他车辆突然变更车道等。遥望收费口车辆分布情况,有利于合理规划己车行进路线,选择车辆较少的收费口或直接通过 ETC 专用车道。需要注意的是,遇有收费口拥堵、较多车辆排队等候时,应该遵守秩序,不得穿插"加塞"(图 3-37)。

图 3-37　出入收费口

（2）匝道行驶。

通过收费站后，应注意观察指路标志。按照自己的行驶路线，正确选择驶入的匝道（图 3-38）。

图 3-38　驶入匝道

由于高速公路的匝道多为弯道且多为坡道，而且比较窄，如果此时超速行驶，一旦出现车辆打滑失控，后果不堪设想。此外，高速匝道严禁逆行。驶出匝道汇入车流之前，将会在加速车道内行驶，其目的在于避免低速车辆汇入高速车流引发事故。

（3）汇入车流。

车辆驶入行车道之前，先通过后视镜观察后方行车道上的车辆，正确估计车流速度，将车速提高到 60km/h 以上，从车流尾部汇入，平稳驶入行车道（图 3-39）。汇入车流时，应当注意观察待汇入车道内车辆的行驶状态，避免发生剐蹭事故。

图 3-39　汇入车流

汇入行车道时，转向盘的操作不要过急、过猛。应密切注视高速公路行车道的行车情况，并通过后视镜观察行车道后面驶来的车辆动态。应正确估计行车道上车流速度，以调整和控制好行驶速度。主车道车辆稀少时，也应尽量避

防御性驾驶

免抢在正常行驶车辆前驶入主车道；主车道车流密度大时，应适当减速，选择与主车流相近的车速和较佳的时机汇入车流；当汇入车流有困难时，应让主车道内的车辆先行。

（4）行车道的选择。

车辆进入高速公路行车道后，根据不同车型和不同车道限速，车辆应按规定选择车道通行（图3-40）。行车道的选择主要依据车型和车速，同一车道内车辆的行驶速度相近，行车安全性较高。高速公路上行驶的小型汽车最高时速不得超过120km/h，其他机动车不得超过100km/h。同方向有2条车道的，左侧车道的最低车速为100km/h；同方向有3条以上车道的，最左侧车道的最低车速为110km/h，中间车道的最低车速为90km/h。

图3-40　选择行车道

如果驾驶的是大型车辆，那么应选择外侧慢速车道行驶，内侧快速车道最低车速为100km/h或110km/h，不适合大型车辆行驶。如果长时间占据内侧快速车道行驶，无论对自身安全还是对高速公路通行秩序都会构成直接危害。

（5）行车速度确认。

在高速公路上通行时，应当严格遵守最高时速和最低时速规定。在有限速标志的路段，应及时将车速控制到限速以内（图3-41）。高速公路交通场景较为单调，长时间高速行驶，与周围车辆相对速度接近，容易形成习惯视觉，对车速的判断能力明显下降，逐渐"适应"了高速行驶状态，潜意识中认为自己车速不快，并倾向于缓慢加速。速度错觉是高速公路行车中普遍存在的现象，单凭感觉估计车速误差较大，必须通过观察车速表确认车速，并及时调整车速。

图 3-41　行驶车速确认

（6）安全距离。

高速公路上行驶的汽车速度较快，如果行车间距过小，很容易发生追尾碰撞事故，一旦发生事故，后果往往要比普通道路上的事故严重得多。为此，高速公路上专门设有为驾驶人确认行车间距的高速公路车距确认标志及标线（图3-42），用以检验与前车的行车间距，并根据需要适时调整车速。关于车速与安全距离的关系，应该牢记前文中介绍的"4s车距离"或"开多快，跟多远"的跟车距离判定方法。另外，高速公路行车时，横向安全车距应至少保持1.5m。

图 3-42　车距确认

（7）安全停车。

高速公路如需停车应选择服务区或紧急停车带停车。如遇突发情况需要马上停车时，不得紧急制动，也不得向右猛打方向，应控制好车速，看清车前车后的交通情况，打开右转向灯，尽快驶离行车道，停在右侧路肩上或应急车道内。如难以移动，应持续开启危险报警闪光灯，并在车后 150m 设置警告标志，车内人员应转移至右侧路肩上、应急车道内或高速公路以外（图 3-43）。

图 3-43　紧急停车

高速公路车速快，惯性大，制动距离长，停车时开启危险报警闪光灯和设置警告标志，可有效增大警示范围，明示其他车辆前方出现情况，提前做好准备，预防事故发生。设置警告标志时，为避免后车观察不及时发生险情，应选择应急车道、路肩等行走至警告标志设置地点，而不能直接从行车道内迎着来车方向行走。高速公路停车后，迅速将车内乘员转移至车外安全地带，可保障乘员的人身安全，一旦发生碰撞等险情，可避免乘员受伤降低损失。

第四章 识别行车中的潜在危险

在掌握了防御性驾驶的基本理念之后,本章通过利用典型交通情景案例展示潜在危险源的模式,详细介绍了跟车、超车、会车等基本行车过程以及交叉路口、高速公路等典型交通环境下常见交通情景的防御性驾驶技巧。通过防御性驾驶理念的实际交通场景中的应用,帮助初学者进一步提升防御性驾驶技能。

第一节 跟 车

跟车是日常行车中常见的驾驶行为之一。在交通量日益增加的城市道路,安全的跟车能有效保证道路交通顺畅。相反,如果跟车距离控制不当,就很容易造成追尾事故,而且追撞的驾驶人往往要承担事故的全部责任。在跟随不同车辆行驶时,也会面临一些不同的驾驶风险。

1 在交通流密集的路段跟车行驶

你正在繁华的市区路段跟车行驶,车流密集,情况复杂。你需要在前方交叉路口右转,恰巧前方出租车也开着右转向灯,看来继续跟着它行驶就可以了(图4-1)。此时你需要注意什么?

图 4-1 繁华路段跟车

你应该注意到右前方的停车场入口标志和左前方的指路标志,前方的出租车虽然开着右转向灯,但很可能不是即刻减速右转驶入停车场,也有可能继续前行至交叉路口右转。

车流密集路段一般跟车距离不足,车辆周围的缓冲空间缩小,留给驾驶人观察、决策和反应的时间也相应缩短,因此,驾驶人应该主动搜集交通环境中可能对自己产生影响的信息,并提前作出预判和准备。特别是当跟随出租车行驶时,

防御性驾驶

应该更加小心。城市出租车的行驶特征是随意性大、突然性大，跟随出租车行驶时应密切关注出租车自身的动态以及可能影响其行驶意图的其他事物。在这个案例中，如果你只看到了指路标志，而忽略了停车场的指示标志，很容易陷入"前车也是右转弯，保持跟车就行了"的习惯性思维，一旦出租车突然减速，很可能来不及反应——当然，出租车也许真的是继续直行至交叉路口右转弯，不过开车谨慎一点也没有坏处。

2 警惕跟随车辆的异常状态

你正驾车行驶在城市道路上，当发现在你前方的车辆不时会在车道内出现左右摇摆的情况时（图4-2），你应该注意什么？

图4-2 跟随行驶异常车辆

你应该意识到前方是一辆行驶状态异常的车辆，其驾驶人可能处在酒精麻痹、疲劳驾驶、甚至毒驾等状态，对紧急情况或许不能做出有效的避险操作，甚至可能连制动踏板都没有踩，就直接发生碰撞。这个时候你应该密切注意前车动态，如果依然按照平时的方式跟车行驶，你很有可能会跟他一起陷入交通事故当中。

面对行驶状态异常的前车，防御性驾驶要求我们一定要与前车保持足够的安全空间，不要把自己置于前车的危险范围内。即使前车毫无征兆地发生事故，你也能在自己提前留下的安全空间内从容应对。

3 跟随大车视线易遮挡

在车流密集的路段，你正在跟随一辆大型箱式货车行驶（图4-3），此时你需要注意什么？

你应该注意到远处两侧横向的道路。

图4-3 跟随大车

当在交通流密集路段，跟随大型车辆较近的时候，你的视线往往被大车车身遮挡（图4-4），如果没有注意到远处横向的道路，那么你就意识不到前方已经快到十字路口。尤其是前方大车在黄灯亮起阶段通过路口，而你因为视线遮挡看不到信号灯的变化，很有可能直接跟随前车通过路口，而此时你才发现，你已经"被闯红灯"了。

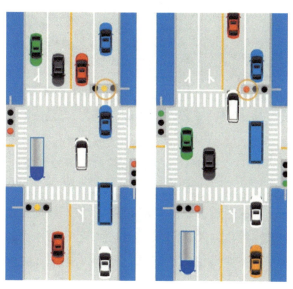

图4-4 视线被遮挡

大型车辆由于其体型庞大，驾车跟随其后会严重遮挡你的视线，尤其以城市道路上的双层公交车最为严重。在快要通过十字路口时，大型车辆的高度往往会挡住前方的交通信号灯。如果此时前方大型车进入路口时已经是绿灯灯尾或黄灯亮起的阶段，那么直接跟随大型车通过十字路口的车辆就很有可能闯了红灯。如果前方有大型车辆导致视线不佳时，可以通过拉大跟车距离来保证自身的安全。

> **城市道路上，加大与大型车辆的跟车距离的好处**
>
> （1）确保自身的视野开阔，防止大车挡住信号灯或路边交通标志；
> （2）预防当大车因为红灯或任何情况紧急制动时与其追尾。

防御性驾驶

4 跟随出租车行驶需谨慎

城市繁华路段，你正驾车跟随一辆出租车行驶（图4-5），你应该注意什么？

图4-5 跟随出租车

你应该注意到路边树下正在向出租车招手的人。

如果你忽略了这一点，前方出租车有可能突然紧急制动，你将猝不及防，很容易导致追尾事故。出租车在城市道路行驶时，当看见路边有人招手，很有可能不顾后方车辆的安全突然制动或者并线停车，有时甚至横在路中间上下客。城市繁华路段是乘客乘坐出租车频率较高的地点，如果仔细观察上图的场景，你会发现在前方树下有乘客正在向出租车招手，那么就能够预料到出租车很可能紧急制动停在乘客面前接她上车。

城市中的出租车急踩制动踏板、争分夺秒的特点导致出租车的交通事故率较高。对于钻来钻去的出租车，大部分驾驶人也是一肚子苦水无处说理。出租车驾驶人可能因为车里乘客突然要靠边停车就紧急制动，有时候会因为看见路边有人招手打车就立即停车接人。同时，出租车大多熟悉路上电子眼的位置，快到电子眼的下方时出租车驾驶人可能突然减速防止被拍，跟在其后面的车辆如果稍不注意就很容易导致追尾事故。

5 跟随外埠车辆谨防路口制动并线

你正驾车在城市快速路上行驶，在你左前方的车辆为外地车牌（图4-6），此时你应该注意什么？

你应该注意到前方的城市快速路的匝道出口和外埠车辆。

当驶近城市快速路匝道出口的时候，左前方的外埠车辆突然亮起制动灯和右转向灯，横穿过你的车道径直驶向匝道出口，这时由于左前方车辆的紧急

图4-6 跟随外埠车

并线，导致你根本没有足够的时间采取有效的避险措施，非常容易导致剐蹭事故的发生（图 4-7）。

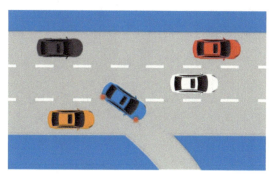

图 4-7 匝道出口车辆紧急变道

随着经济的发展，人员流动性增强，不仅在北京、上海等一线城市，其他城市中非本地车牌的车辆随处可见。外埠车辆驾驶人对线路不熟悉，可能会随时停车问路，有时会在发现临近高速公路或者城市快速路匝道入口的时候，突然减速、变更车道欲驶入匝道，或者在城市快速路上快到出口时突然减速、变更车道欲驶出匝道。同时，外埠车辆驾驶人经常因为长时间驾车疲惫不堪，更容易忽略路边的各种提示信息，加大了交通事故的风险。在上述这个案例中，当发现外埠车辆和城市快速路匝道出口出现在了同一个场景中的时候，你应该预见性地降低车速并留出足够的安全空间，以防对方突然并线。

6 不宜跟随贴有新手标识的车辆行驶

当驾驶机动车跟随贴有实习标识的车辆行驶的时候（图 4-8），你应该注意什么？

这时候你应该注意，新手驾车上路可能既不熟悉车况和操作，也不熟悉路况，非常容易发生危险。新手驾驶的特点是开车不会太快，双手紧抓转向盘，双眼紧盯前方，精神高度紧张。

新手驾驶的车辆行驶特点有以下几点：

图 4-8 跟随新手车辆

防御性驾驶

（1）速度忽慢忽快影响车流速度；

（2）起步或停车时机不当且动作缓慢；

（3）超车或变更车道打了转向灯却犹犹豫豫不够果断；

（4）不会合理分配注意力，易出现突然改变方向、突然制动的情况，对距离、速度判断不准。

> **判断前车驾驶人是否为新手或是驾驶经验不足的人员方法**
>
> （1）是否张贴实习标志；
>
> （2）车牌序号的新旧程度；
>
> （3）对方的驾车方式，如并线加速是否果断等。

经过判断后如果认为前车驾驶人是新手，那么就不要故意鸣笛催促，因为催促可能会使新手驾驶人更加紧张，容易导致操作失误。更不要故意从其车前较近位置并线进去，以防其因惊吓突然打方向撞上其他车辆或导致车辆熄火。遇见新手驾驶人最好的处置方式是不要鸣笛催促，跟在其后方并与其保持足够大的距离，在条件允许时并线到其他车道，超车完毕返回原车道时也要保证其前方有足够的空间。

7 变更车道时留意平行车辆

繁忙的城市中心区，你正行驶在单向三车道道路最右侧的车道，通过前方路口后你还需要继续直行。在接近交叉路口时前车打了右转向灯并且减速，你准备向中间车道并线绕开前车（图4-9），这时你需要注意什么？

图4-9 准备变更车道

你应该观察目标车道后方是否有驶近的车辆或者左侧车道内的车辆是否也准备向中间车道并线（图4-10）。

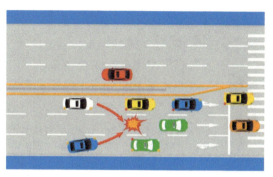

图 4-10　留意平行车辆

城市交叉路口通常会设置导向车道，要求车辆在驶近交叉路口以前根据自己的行驶方向选择对应车道。变更车道前除了要观察待驶入车道内的车流状况以外，还应该考虑到其他车道内是否也会有驾驶人也打算变更车道。如果碰巧两辆车都准备变更到同一车道内，且彼此都没有考虑其他车道的情况，那么就很容易发生剐蹭事故。如果驾驶的是大中型客货车，在这种情况下，你应该尽可能早的将自己的驾驶意图传递给其他交通使用者给其他驾驶人更多的时间去应对你的改变。

第二节　会　车

在城市主干道上，不同方向车道之间有中央隔离带或隔离护栏，会车基本不存在任何的危险。然而在仅通过标线进行划分的道路或是根本没有任何标线的乡村公路，会车操作不当就可能引发交通事故。并且，会车不当所导致的正面撞击事故往往比其他事故的伤害程度要大。

1 预防对向来车越线行驶

傍晚时分，你正驾车行驶在居民区路段，并且即将与对向来车会车（图 4-11），此时你需要注意什么？

你需要注意到，自行车马上就要骑到行

图 4-11　居民区路段会车（1）

防御性驾驶

车道上来了，那么对向来车可能猝不及防，为了避让骑车人而驶入逆向车道向己车迎面驶来（图4-12）。

当你发现自行车要从小区门口出来时，就应该想到对向来车可能会因为避让自行车而越过中央分隔线驶入逆向车道。这就是如何从其他交通参与者的视角来思考问题、预判潜在安全隐患的观察技巧。由于建筑物造成了对向来车驾驶人的观察死角，等到他发现自行车时几乎已经来不及减速，他很有可能不假思索地转向避让，那么后果就是侵入你所在的行车道。在这个案例中，自行车和对向来车都疏于观察，驶近交通冲突点位置时没有顾忌潜在危险的存在，所幸的是你处于一个合适的位置，能够完整地观察到他们即将发生的交通冲突。或许你没有办法去避免这一险情的发生，但绝对有能力预防对向来车与己车可能发生的二次事故。

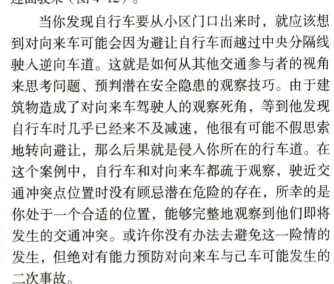

图4-12　居民区路段会车（2）

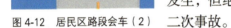
2　确保安全再让行

你正行驶在临水道路上，为了安全起见，你将车辆保持在车道中间位置行驶。前方不远处就是弯道，突然你听到了车辆鸣笛的声音，再定睛一看，弯道处已经有一辆车的车头出现（图4-13）。此时，你需要注意什么？

图4-13　弯道会车（1）

你应该注意，即将出现弯道会车的情况。右侧路边的草丛，很有可能是长在水面上的。马上两辆车就要在较窄的弯道相遇了，如果直接向右避让，很有可能使自己车辆驶入水潭，不避让，则对方车辆较难通过，容易出现剐蹭或碰撞（图4-14）。

邻崖或邻水的道路在山区比较常见，如果会车时操作不当会导致危险。在邻崖、邻水等路况较差的道路行驶时，如果再遇上任意一方车道有障碍物，会使本来就不宽的道路变得更窄。任意一方车辆越线行驶都会导致另一方车辆紧急避让，若靠悬崖一方避让，则容易导致车辆坠崖；若靠山一方避让，则容易导致车辆撞上山壁。

图4-14　弯道会车（2）

有经验的驾驶人开车时常说的"让速不让路"，就是告诉我们开车遇到突发状况时首先要减速，而不是先让出路权，如果要让路，一定要在确认周围有空间、能够确保安全的条件下进行。不能为了躲避别人而自己从车道里开出去。尤其在路况不明确的山区或野外道路，路边的草丛深处可能有路也有可能就是悬崖或水坑，盲目地避让他人很有可能导致自身的伤亡。会车遇见强行占路的车辆首先要减速甚至停车，一般在路况不好的路段，车辆的速度都不会太快，轻微的剐蹭或相撞通常不会造成严重事故。如果减速停车依然发生了事故，则按照法律强行借道的一方应承担相应责任。

3 谨防对向来车盲区内的车辆

愉快的午后时光，你正行驶在景色十分优美的山路上。对向车道是一段上坡路，两辆摩托车正在借道超越一辆小轿车。第二辆红色的摩托车也已经完成了超车马上就要回到对向车道里面了，看起来你不用减速就能安全会车（图4-15）。此时你需要注意什么？

如果你仔细观察的话，还会发现隐藏在轿车后方的第三辆摩托车。

如果你没有发现这隐藏的第三辆

图4-15　谨防前方车辆盲区内车辆（1）

防御性驾驶

图4-16 谨防前方车辆盲区内车辆（2）

摩托车，当你正准备按原车速完成会车的时候，轿车后方又钻出来一辆摩托车，这时距离已经很近了，双方都来不及避让（图4-16）。虽然错误在摩托车一方（借道超越即将会车的车辆），可是一旦发生事故造成人员伤亡是任何人都不愿意看到的后果。如果仔细观察碰撞前一刻的画面，你还是能从轿车的周围隐约能看到第三辆摩托车的身影，因此这起事故是可以避免的。

会车的关键是要求驾驶人要提前观察，把潜在的险情放在"遥望"而不是"逼近"的位置，这样才能使自己始终处于从容淡定的驾驶状态。在这个案例中，对向车辆为小型汽车，己车为大型车辆，你的高度优势使得你比较容易观察到对方后方的情况。如果对向车辆同为大型汽车，你的视野盲区会更大。即使没有看到第三辆摩托车，也应该具备这样的经验：路上兜风的摩托车经常结队行驶，如果看到一辆摩托车就应该想到可能有其他摩托车辆跟着过来——也可能没有，不过还是小心为上。

4 驶经停定车辆留意后方危险

你正在行驶在弯道路段，对向停了一辆白色车辆，同方向一侧有一个骑摩托车的驾驶人和在护栏外的行人（图4-17），这时你需要注意什么？

图4-17 驶经停定车辆（1）

最应该引起你注意的是白色车辆后方驶来的黄色车辆，由于白色车辆的存在，不仅遮挡了你观察黄色车辆的视线，同时阻挡了黄色车辆驾驶人观察你的视线，对向的黄色车辆可能直接从白色车辆的左侧超车与你形成交通冲突，而此时右前方的摩托车又占据了你向右侧避险的空间。如果操作不当，甚至可能波及路边的行人（图4-18）。

图4-18　驶经停定车辆（2）

第三节　超　　车

在行车过程中，遇到前方有行驶缓慢的车辆，后车通常选择超车。超车虽然是一种常见的驾驶行为，但与跟车和会车相比，超车所承担的风险更大，判断或操作不当都可能引发严重的交通事故。

1　超车严防前车向左转向

你正驾车行驶在城市道路上，当发现前方车辆行驶缓慢，准备超车时，你应该注意什么（图4-19）？

图4-19　超车严防前车转向（1）

防御性驾驶

你应该注意到前方非机动车道上的电动自行车，前方车辆虽然没有左转的意图，但为了躲避前方电动自行车可能会突然向左靠（图4-20）。

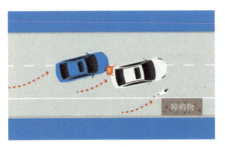

图4-20　超车严防前车转向（2）

由于超车潜在的风险较大，因此上路行驶时要避免频繁超车和并线。尤其是在城市道路上，行人、非机动车与机动车混行，行人的行为直接或间接地对机动车造成很大影响。就像上图所示，如果在超车过程中，非机动车道上突然有自行车或电动车因为躲避障碍物，而骑行到被超车所在车道里，被超车就会为了躲开非机动车而向左打方向，此时超车车辆正好在被超车的左侧而无法及时避开，非常容易发生剐蹭事故。

超车之前，你首先要做的是注意观察是否存在可能造成前方车辆变道的隐患，特别旁边是非机动车道的时候。同时，在路面状况不好时也不要轻易超车，因为在这种情况下，前方车辆可能为了绕开路面的坑坑洼洼而左右躲闪，导致剐蹭事故。

❷ 超车可能遭遇的会车冲突

在一段双向两车道的路段，你已经跟随前车行驶了一段时间了，现在准备超越前车。远处有一辆车迎面驶来，不过距离较远，应该不会影响自己超车（图4-21）。此时你需要注意什么？

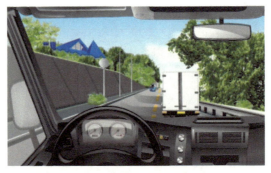

图4-21　超车避免会车冲突（1）

你应该注意到前车的前方露出了另一辆车的影子，这说明前车也在跟车行驶，一旦选择超车就要连续超越两辆车，超车距离较长，因此很容易与远处迎面驶来的车发生碰撞事故（图 4-22）。

跟车和超车都是日常行车中常见的驾驶行为，准备超车时一定要考虑到超车过程中是否可能使自己陷入危险的境地。在这个案例中，驾驶人观察到了远处迎面驶来的车辆，考虑到了超车过程中是否会发生会车的可能；但如果没有注意到前车的前方还有一辆车的话，就会低估了超车所需的距离。如果驾驶的是大中型客货车的话，你还应该充分考虑自身的车身较长，车体较宽，灵活性较差的特点，需要给自己准备更长的超车距离。如果对于超车的时机选择不当，不但难以完成超车，还将使自己处于"超车的同时又要会车"的危险处境，最糟糕的情况可能是涉及的车辆相继失控，发生连环相撞事故。

图 4-22　超车避免会车冲突（2）

3 预防对向车辆后有来车

你正驾车行驶在城市道路上，感觉前方车辆行驶缓慢，对向车道有车驶来，并且与己车前车即将会车。你打算在前车完成会车后迅速借用对向车道超车（图 4-23），此时你应该注意什么？

图 4-23　预防对向车辆后方来车（1）

你应该意识到对向车道来车的后方还可能有其他车辆，当对向车道来车与本车道前车交会驶过之后不要盲目超车，要注意观察对向车道后方是否还有其他车辆（图 4-24）。

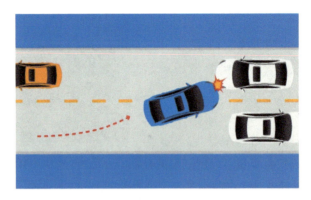

图 4-24 预防对向车辆后方来车（2）

借道超车时，要注意己车与对向的车辆之间的距离是否足够完成本次超车，同时也要想到对向来车后面是否还有其他车辆，不要盲目地在对向车辆过去后就马上准备超越。尤其是如果对向来车是大型车辆，其造成的视野盲区内可能有其他车辆，甚至盲区内的车辆准备超越前方的大车。

计划超车时先观察对向来车的状况以及距离，等有充分把握时再超车。同时，超车时切忌犹豫，不要超到一半又放弃，落入进退两难的地步。超车之前一定要观察好超车条件，能够保证万无一失时再加油迅速超越。

❹ 超越大车时警惕己车盲区危险

你正驾车行驶在城市道路上，前方是一辆大型车辆，并且它行驶的比较缓慢，因此你准备借用对向车道超车。你应该注意什么？

你应该注意对向车道的车辆以及本车道大型车辆前方的车辆，判断是否有足够的时间和空间可以超越前车。

如果跟随大型车辆行驶，你的视线会受到很大程度的阻挡，同时你也不容易被对向车道的驾驶人发现。想要超越大型车辆时，尤其要注意对向车道是否有来车。可从大型车辆后方向左先错出一点，观察一下对向车道的情况以及大车前方是否有驶回的空间。有的时候大型车辆行驶缓慢不单单是它自身车重开不快，也有可能是前面还有其他车辆，大家都开不快。切记不要贸然超车（图 4-25）。

图 4-25　警惕大车盲区车辆

5　超越自行车需谨慎

你正行驶在城市中心区路段，前方有一辆自行车在骑行。右侧是商场和超市，对向车道内车流密集。你打算超过前方的自行车（图 4-26），此时你需要注意什么？

图 4-26　超越自行车（1）

你需要注意到，自行车前方有一辆小型汽车正准备倒车进入车道行驶，自行车为避让小型汽车可能会向左转向，侵入你的行车空间（图 4-27）。

自行车的特点是灵活多变，行进路线随时随地可能发生变化，并且一般不会提前给出信号。跟在自行车后方行驶充满了不确定性，除了要密切关注自行车骑车人自身的动态以外，还应该考虑到骑车人所面临的交通环境变化，这也是一种替人着想的驾驶思路。在这个案例中，自行车原本正常直线骑行，可是前方不远处遇有轿车倒车，那么自行车极有可能直接

图 4-27　超越自行车（2）

防御性驾驶

向左避让，而不考虑自己后方是否还有其他车辆跟随。在繁忙的城市交通环境下，预防交通事故首先要清楚可能发生交通冲突的位置，如果自己是"第一方"，自己周围的交通参与者是"第二方"，那么有时候还应该注意观察"第二方"面对的其他交通参与者——对于自己来说就是"第三方"的情况。

第四节　倒车与掉头

与正常行驶时将车辆向前行驶相比，倒车是将车辆向后方行驶。也是很多新手在初上路感到时最为困难的一项操作。与向前行驶比起来，倒车时视线不够开阔，通常仅能靠后挡风玻璃或后视镜观察。尤其对于客货运输车辆，往往只能通过两侧的后视镜来观察后方情况因此在车后方形成了非常大的盲区。如果对盲区观察不到位或是倒车操作不当就容易引发事故。

1　倒车提防车后玩耍的儿童和宠物

假如你是一名搬家公司的驾驶人，在小区内完成运输任务后，上车准备倒车，你从左右后视镜内观察均未发现有障碍物（图4-28），这时你就可以放心倒车了吗？

图4-28　倒车注意盲区

答案是否定的，因为从左右后视镜中你的视角并没有覆盖到你车辆后方的所有的区域，也就是说在车内你是存在盲区的（图4-29）。

从上图中可以很明显地看出，在你车辆的正后方是存在盲区的，光靠后视镜观察后方的情况是远远不够的。一般来说，在日常行车中应尽量避免倒车，确需倒车时，如果是驾驶人独自驾车，那么在倒车之前必须下车到车后方确认盲区内是否有人员和其他障碍。尤其在小区等可能有孩子、宠物或老人在你的车辆周围停留的路段，不论可能性有多小，一定要下车查看，确保没有任何潜在危险。

切记，哪怕儿童看到了你打开的倒车灯，他们也可能根本不知道那些白色灯光是什么意思。

图 4-29　倒车盲区

2　倒车驶出停车位避免剐蹭两侧车辆

你在露天停车场内准备倒车驶出的时候，除了注意车后方的情况，避免产生碰撞以外，你还需要关注车辆的哪个部位呢（图 4-30）？

在这个时候除了应该注意来自后方的危险之外，你同样需要注意来自前方的危险，因为在倒车的过程中，你的车辆前方同样可能发生碰撞。倒车驶出停车位或者在转弯处倒车时，车头会摆出来，容易发生剐蹭两侧车辆的情况（图 4-31）。

图 4-30　倒出停车位（1）

图 4-31　倒出停车位（2）

如图 4-31 所示，如果倒车的过程中，你没有把握好自己的车辆与两边车辆的间隔距离，同时又过早或者过大的转动转向盘，那么就会发生车头摆出剐蹭两边车辆的情况。因此,在倒车的时候,应该时刻注意所打方向相反方向的车前角是否会与邻车发生剐蹭。如果车里有其他乘客,则倒车时应找他人在安全处指挥。倒车时,右脚一定要备在制动踏板上,防止错踩到加速踏板上。尤其是自动挡车倒车时速度较快,右脚踏在制动踏板上控制车速即可,以便在发现倒车空间不足或是突发紧急情况的时候,能够及时停车修正方向。

3 车辆掉头过程中警惕后方来车

当你驾驶一辆货车在没有中央隔离带并允许掉头的路段上准备掉头行驶时,你已经对前方车流以及对后方车流进行了观察,在这种情况下,你就可以安心完成掉头了吗(图4-32)?

答案是否定的,首先你不应忽视盲区的存在,其次如果你驾驶的是大中型客货车,由于此类车辆车身较长,掉头往往需要多次前进和后退才能完成。在这个过程中,大中型客货车的盲区容易给驾驶人带来麻烦,特别是车辆在后退的过程中,驾驶人应更加警惕原来行驶方向车道内的车辆和行人,或许他们已经进入了你的盲区之中(图4-33)。

图4-32 掉头警惕后方来车

图4-33 掉头警惕后方来车进入盲区

掉头时,注意道路标志标线,选择允许掉头、交通量小、不妨碍其他车辆和行人正常通行的地点进行。车辆掉头时如果马路宽度不够,通常不能一次完成掉头,这时你需要往后倒一次或多次辅助完成掉头,车辆后倒过程中必须注意后方盲区中的车辆和行人。

第五节　交叉路口

在交叉路口，机动车、非机动车和行人交织在一起，是危险因素最多的地方，也是交通阻塞和交通事故多发地段。城市道路交叉路口，车辆和行人通行量大，路口人、车交叉点众多，一旦某一点上出现事故或拥堵，加塞、抢行等行为就会增加，使原本就危险的路口更是危机四伏，很容易引发重大交通事故。因此通过交叉路口时，一定要减速、注意观察，遇到不礼让或抢行者时也要保持平和心态，不赌气、不斗气，为了安全，宁可有理让无理。

1　路口前等红灯莫大意

前方是繁忙的交叉路口，车辆正在等待交通信号灯放行。路口内正在通行的车辆很多，除了机动车和非机动车，还有正在人行横道上通过的行人。路遇这种情况你该怎么做（图4-34）？

停车等待交通信号灯放行的时候，一旦被追尾或发生意外，驾驶人通常无法立即做出避让等处理措施。为了防止这种情况的发生，建议在交叉路口前停车等待时，距离停车线或者与前车之间保持5m左右的距离，避免己车被追尾后追撞前方车辆或者行人（图4-35）。

图 4-34　路口等红灯

图 4-35　等红灯时与停止线保持安全间距

在交叉路口等红灯时，大部分人会认为比较安全，精神会放松，岂不知很多

防御性驾驶

危险也可能正悄然临近。在路口等红灯时，可能有以下几种险情：

（1）后方来车可能会因各种原因而追撞自己，置自己于路口危险之中，如果是在铁路道口被追撞，则更加危险；

（2）当路口稍有坡度时，前车在起步时也可能会有瞬间的溜车。

因此，在路口等红灯时，最好在距路口停车线 5m 左右的位置停车，跟车排队等候时也不要距前车太近，同时也要时刻关注周围车辆动向。

2 红灯变绿灯时勿着急起步

炎热的午后，你正在交叉路口前等待交通信号灯放行，旁边是一辆大型客车。红灯变成绿灯了，前方人行横道上的行人也已经通过路口了，你准备起动车辆直行通过路口（图 4-36）。这时你应该注意什么？

图 4-36　路口等待放行

图 4-37　绿灯勿急起步

你应注意到，城市交叉路口情况复杂，交通信号灯未必能约束所有交通参与者的行为，尤其是行人行动随意性、突然性大。虽然信号灯已经变为绿灯，仍要提防大客车前方可能有行人突然蹿出，如果观察不足贸然起动，很可能引发险情（图 4-37）。

在城市交叉路口，当交通信号灯由红变绿，己车准备起步前应先进行安全确认，预防相交的道路上可能有未完成通行或抢行的车辆或行人；与其他车辆（尤其是大型车辆）并排停止时，两侧车辆前方可能形成盲区的道路上，往往会有行人（尤其是行动缓慢的老人、儿童或行动不便的残疾人）、非机动车正在通过或抢行通过，一定要确认安全后再起步通过，不可只关注正前方的交通情况，更要兼顾两侧情况。

3 绿灯通行不一定安全

你即将直行通过一个繁忙的交叉路口，交叉路口前设有导向车道，车辆各行其道，看样子跟随前车正常直行通过即可（图 4-38）。这时你应该注意什么？

图 4-38　路口绿灯通行（1）

你应该留意到右转直行车道中的车辆突然亮起了左转向灯。绿灯通行时切忌想当然，一定要密切关注周围车辆动态，一旦有车辆出现异常情况或强行转弯，提前观察可以避免碰撞（图 4-39）。

交叉路口绿灯时，只代表你拥有了可以通行的权利，但并不意味着路口处就没有安全风险了，因为绿灯并不能改变交叉路口处固有的危险性质，其他方向的红灯也无法约束其他交通参与者的违法行为。在接近绿灯亮的路口时，也应预测到可能有以下几种险情：

（1）前方可能会有非机动车、行人违法横穿；

（2）前方车辆可能会突然变更车道,准备转弯或掉头；

（3）两侧的车辆可能因路线错误，突然变更至自己车道，或者有其他后车在己车前加塞通行；

（4）对向准备左转弯的车辆可能会占用部分直行车道或强行左转；

（5）右侧车道有车辆等待右转时，其后侧车辆可

图 4-39　路口绿灯通行（2）

能突然向左变更车道。

因此，行经路口时一定要提前减速、仔细观察、全面预防。

4 无信号灯控制的交叉路口

你驾车驶近一个没有信号灯控制的交叉路口，路上的车辆不算多，所以车速都挺快的。你打算直行通过路口，左前方内侧车道的车辆好像也是这么打算的，更远处相交方向左侧道路上有一辆大型货车正在驶近路口（图4-40）。这时你应该注意什么？

图4-40　无信号灯路口（1）

没有信号灯控制的交叉路口是非常复杂的，片刻之后你也许会惊讶地发现，左侧车道前方的车辆进入路口后，在没有打转向灯的情况下向右转弯，又或者更远处左侧道路上的大型货车直直地冲入路口，对你和左侧的小汽车的安全构成威胁——这些对你来说，都是应该提前预测和防范的突发情况（图4-41）。

图4-41　无信号灯路口（2）

在无交通信号灯控制的交叉路口，通常会出现以下3种险情：

（1）机动车、非机动车或行人经常不减速或不观察直接通过；

（2）本应让行的车辆可能加速抢行；

（3）路口拥堵时，对向车道拥堵的车辆会成为本车左转弯的视线障碍，其遮挡的盲区内可能有行人、非机动车穿行。

5 交叉路口转弯的危险

前方是一个没有施画导向车道的交叉路口，绿灯已经亮起，你准备左转弯行驶。对向车道有一列长长的车队即将直行通过路口，（图4-42）。这时你应该注意什么？

图4-42 路口转弯（1）

作为一名负责任的防御型驾驶人，转弯通过交叉路口时，一定要遵守"转弯让直行"的规定。同时车辆转弯时，不但要注意其他车辆可能造成的交通冲突，还要观察周围非机动车和行人的动态。急于抢在对向直行车辆之前左转弯通过路口是不对的，如果急于抢行，不但违法，而且前方人行横道上可能会有通行的行人影响你的交通安全（图4-43），一旦出现事故，你肯定是逃脱不了法律责任的。

图4-43 路口转弯（2）

在交叉路口右转弯时，可能会出现以下险情：

（1）可能会有非机动车、行人贸然闯入车辆的内轮差区域；

（2）右侧可能有直行的非机动车和行人；

（3）窄路口转弯时，路边停放的车辆或高大建筑物等造成的盲区内可能有行人或非机动车；

（4）相邻车道的车辆可能突然加塞超越自己抢先右转弯；

（5）大型车可能为了改善转弯空间，可能先向左侧转向再进行右转弯操作，不要贸然从其右侧行驶。

在交叉路口左转弯时，可能会出现以下险情：

（1）对向车道车辆右后侧可能遮挡有自行车或行人；

（2）对向车道右转弯车辆可能不主动让行；

（3）其他车道的车辆可能超越自己抢先左转弯；

（4）跟随大型车左转弯时，其周围盲区内可能有其他交通参与者。

防御性驾驶

6 环岛行车的危险

正午时分,烈日炎炎,环岛内车水马龙,你驾车驶近环岛出口位置,片刻后即将驶离环岛,看上去前车也准备这么做(图4-44)。这时你应该注意什么?

图4-44 环岛行车

你应注意到,左前方内侧车道内一辆汽车虽然没有开启转向灯,但是从车头和车轮的角度,要考虑到它正要向右变更车道,它很有可能连续变更车道插入到你的车辆前方,那么势必会导致你紧急制动,如果你没有预测到这个危险情况的话,那么很有可能发生一起追尾事故。

在环岛内行驶,可能遇到以下危险情形:

(1)可能遇到不让行而强行驶入环岛的车辆;

(2)刚刚驶入环岛的车辆可能占据外侧车道,妨碍本车变道驶出环岛;

(3)最内侧车道的车辆有可能急减速或突然变道为驶出环岛做准备;

(4)外侧车道的前车驶出环岛时可能减速过急。

图4-45 主辅路交汇

7 主辅路交汇处的危险

你驾车行驶在城市道路主路上,右侧车道通往辅路,出口路段即将结束,看上去右前方的蓝色汽车应该是准备在辅路行驶。你打算继续在主路内直线行驶(图4-45),这时你需要注意什么?

此时,你应该注意蓝色汽车的动向,它可能由于某些特殊原因,重新驶回主路内行驶,并且从导流标线上横穿过来,直接插入你的车辆前方(图4-46)。

高速公路、城市快速路在车流交汇处往往易形成交通冲突,一些驾驶人由于不熟悉路线或者分心走神等原因,会在已经错过合适位置的情况下强行汇入或驶离车流,有的甚至连转向灯都忘了开启。一般来说,车流交汇处受影响较大的主要是原本就在被汇入车道内的车辆。在这个案例中,你马上就要驶过主路出口了,按道理右前方汽车已经在出口处不能再驶入主路,而且也早已经失去了汇入主路的机会,但这时如果你放松了警惕,而那辆汽车恰巧突然决定强行驶入主路,

图4-46 主辅路交汇处横穿导流线

那么就很容易发生事故。当然,即便发生了事故,责任也应该在对方,但如果有选择的话,我们每个人都希望远离事故,而不是卷入事故成为无责任的一方当事人。

第六节 山区道路及弯道

山区道路的特点是弯道多、坡道多,而这两点也成为山区道路驾驶的难点。弯道和坡道会产生许多视觉盲区,导致驾驶人的视线受阻。弯道转弯在道路起伏多的城市和山区道路较为普遍。弯度较大的弯道通常会设置广角镜来帮助驾驶人看清前方的路况。习惯在城市里开车的驾驶人可能对广角镜的观察方式不大熟悉。广角镜在受环境限制导致盲区较大的地点应用非常广泛,对于减少盲区引发的交通事故作用甚大。对于没有设置广角镜的弯道也不必过分担心,只要遵守交通法规的规定,多加观察和思考也能避免事故的发生。

1 警惕山体盲区

驾车行驶在傍山道路上,周边景色不错,从路旁标志牌提示可知前方马上是一急弯(图4-47),此时,你需要注意什么?

防御性驾驶

图 4-47 警惕山体盲区（1）

你需要注意前方急弯处随时可能出现的车辆。驶近急弯路段前方视野变窄，左侧前方视线被山壁挡住，你不知道弯道中迎接你的将是什么。在不能完全了解道路前方情况时，应该谨慎驾驶，减速观察，随时做好停车准备（图4-48）。

行驶至傍山弯道附近时，高耸的山石会引起较大的盲区，使两边驶来的车辆的驾驶人在进入弯道之前都看不见对向的情况，如果有一方越线行驶就很容易造成交通事故。同时，弯道处如果正好是山区风景较为秀美的地点，那么就还有可能有机动车、摩托车在此处下车观赏风景，这时他们可能就处于你的驾驶盲区中。如果你没有考虑到这些，可能当你发现他们时候，再采取补救措施就已经晚了。

图 4-48 警惕山体盲区（2）

弯道驾驶的技巧总结为四个字叫"慢入快出"。由于驾驶人在进入弯道之前看不见弯道里是否有障碍物，因此在进入弯道之前要提前减速。此时如果速度太快，万一弯道里有车有人，受路况所限，很容易因躲闪不及而产生危险。在已经进入弯道，能够看见弯道里的所有情况并且能看到弯道的出口时要适当加速，尽快驶出弯道。弯道本身就是事故多发路段，驾驶时更要提高警惕。

此外，所有车辆在高速过弯时，侧滑的可能都会增大。因此遇到连续转弯路段尤其要注意降低车速，缓慢转向。除此之外，如果你驾驶的是大中型客货车，还要考虑重心对车辆过弯的影响。大中型客货车重心高，车辆在转弯时速度过快容易发生侧翻，如果车辆满载货物或乘客，转弯速度过快还会导致爆胎。

2　居民区弯道驾驶需谨慎

你正行驶在一段弯道路段中，并且你是第一次走这条路。此时由于弯道的原因你看不到远处的情况，两侧的人行道上都有行人，前方不远处有车辆准备并入本车道（图4-49）。这时你需要注意什么？

图4-49　居民区弯道驾驶

你需要注意人行横道预告提示标线，这说明前方即将遇到人行横道（图4-50）。

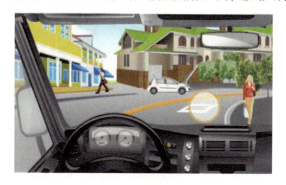

图4-50　注意人行横道预告标线

弯道行驶最主要的风险来自于视线遮挡，无法保持正常的前视距离，一旦遇有紧急情况可能来不及应对。从画面中可以看出，己车驾驶人能够有效观察到前方车辆和右侧行人，但弯道过后的情况是看不到的。此时路面上的人行横道提示标志非常关键，看到这个标志就应该意识到前方即将遇到人行横道，可能与行人产生交通冲突，应该松抬加速踏板缓慢减速，待视野开阔后查明情况再做出选择。

防御性驾驶

3 警惕车辆失控

你行驶在曲折的山区道路上，风景不错，抬眼望去，前方马上是一个较长的连续下坡，还有几处弯道（图4-51）。此时，你应该注意什么？

图 4-51　连续弯道

伴有弯道的连续长下坡路段应该引起你的注意。连续长下坡路段常常是事故多发路段，下坡路段，车辆由于惯性自身有加速度，如果不对速度加以控制，很容易出现超速行驶的状态。在前方有车辆的情况下，更应该注意控制车速，与前车保持安全距离，如果坡很长，则更要增大两车之间的安全距离。

山区道路往往会有大量的上下坡路段。上下坡路段对于很多驾驶人都是比较头疼的问题。在山区道路行车时，如果车辆出现失控则可能造成生命危险。

上坡时车辆受到的阻力比较大，如果挡位过高，则车辆动力不足，容易造成溜车。在进入坡道之前要根据坡道的倾斜程度提前降低到合适的挡位，不要中途换挡。

下坡时如果坡道较长，则要使用发动机的牵阻作用来控制车速。下坡时车辆受到重力作用会越跑越快，此时如果长时间踩刹车会导致刹车失灵，引发更严重的后果。

第七节　桥梁与隧道

桥梁和隧道作为公路的两种特殊连接方式，其结构特征和行驶环境与普通公路有着很大的区别，驾驶人应该熟知这些特点，才能对桥梁和隧道的潜在危险有一个比较全面而准确的认知，从而预防事故的发生。

1 警惕桥面结冰

你正在山区高速公路上行驶。正值初冬,天空飘着小雨,但是路面尚未结冰。此时前方即将通过一个跨河大桥(图4-52),你应该注意什么?

图4-52　警惕桥面结冰

此时你应该掌握的一个重要的防御性驾驶知识就是,桥面通常早于路面结冰。当你从路面进入桥面的时候,桥面的附着力会急剧下降,容易导致打滑失控。

路面有地温支撑,温度不容易降低。桥梁和路面不同,桥梁是悬空的,周围空气流动快,没有地热供应,散热也快。桥梁受到下方河流的影响水汽比较大,如果再遇上雨雪天气,气温达到冰点后,桥面就容易结冰。桥面附着力的明显变化容易使车辆产生打滑,处理不当极容易引起事故。其次,桥梁一般都在风口的位置,桥上的风通常要比平地上大一些,跨海大桥更是如此。当车辆行驶在冰面上,并同时受到侧风的影响时,行车危险性将会急剧提升。

车辆在驶近桥梁时,一般都有标志牌提前提醒车辆距桥区的距离,根据距离的长短驾驶人可以提前准备降低车速。在进入桥区之前,路边有标志写明桥梁的名称及长度,由于在桥面驾驶伴随着侧风、结冰的危险,驾驶人可根据桥梁的长度控制车速及驾驶方式。并且有些桥梁受到自身宽度所限在桥区车道变窄,也应提前减速预防事故的发生。

2 警惕明暗适应带来的危险

你正驾驶机动车在山区高速公路行驶,在你的前后均有车辆行驶,前方即将进入隧道路段(图4-53),此时你应该注意什么?

图 4-53 警惕明暗适应（1）

这时你最应该注意的是，进出隧道时，前方驾驶人可能会因为明暗适应产生的视物不清而下意识地紧急制动，如果此时你也正处于明暗适应期，那么将很难观察到前方车辆采取了制动措施，当你的眼睛适应了明暗环境，或许前方车辆已经近在咫尺（图4-54）。

图 4-54 警惕明暗适应（2）

隧道本身就是一个危险源。隧道内部照明条件较差，甚至有时因照明设备维修或停电而根本没有照明，容易发生交通事故。当你在出入隧道的一瞬间，眼睛会有几秒的明暗适应而看不见东西，这种情况对于做过近视激光矫正手术的人更加严重。做过近视激光矫正手术的人，视网膜的感光能力下降，对于这种明暗变化的调节时间可能会长达将近10s。驾驶人在眼睛视物不清的时候，往往容易本能地进行制动，如果此时跟车过近，那么前车制动的时候，你正处于明暗适应期，你将难以发现前车的动态，容易发生追尾事故。

在上述案例中，驾驶人在发现隧道标志后，应降低车速，加大与前车的距离，以便给自己留有足够的反应空间。

3 隧道路面易打滑

当你驾驶机动车通过一个照明条件特别好的隧道，你几乎没有明暗适应期，那么来自隧道环境的潜在危险就不存在了吗（图4-55）？

图4-55　隧道路面打滑

答案是否定的。那么潜在危险到底来源于哪里呢？潜在危险来源于路面，隧道路面处于较为封闭的环境，受阳光、雨水等因素影响较少，尘埃和车辆废气沉积在路面上，长期得不到雨水冲刷、阳光暴晒，隧道内沉淀的尾气颗粒与水混合在一起容易形成油膜，降低了路面的附着系数。如果在寒冷天气，油膜在靠近隧道出口的地方遇冷还会结冰，机动车无论是行驶在油膜还是冰面上都容易打滑。

隧道内外的路面附着系数存在较大差异（表4-1），如果隧道内形成潮湿的"油膜"，路面附着系数会下降50%以上。如果在寒冷天气"油膜"结冰，那么附着系数将下降到0.1，降幅高达85%以上。所以，在进入隧道之前要提前减速，而不是进去以后突然急减速。进入隧道后要减少变更车道的次数，防止因路面滑、视线不良导致的剐蹭事故。驶出隧道的时候不要急于加速，能够看清路况并且路面没有问题后再加速驶离。在进入仅靠标线划分的双向隧道时，要警惕对向出隧道的车辆因打滑而误入本侧车道。在进入隧道之前除了减速观察之外，尽量在车道中间行驶，给两边留有一定的缓冲空间。

路　面　附　着　系　数　　　　　表4-1

路　外	隧道内干燥	隧道内潮湿	冰
0.75	0.58	0.36	0.1

防御性驾驶

隧道路面车辆易侧滑

在我国南方，为了解决隧道内路面因长期潮湿而损坏率较高的情况，通常在隧道内铺设水泥路面，在隧道外铺设柏油路面。水泥路面的摩擦系数本来就比柏油路面低，在有水或冰的情况下更容易导致车辆侧滑。

4 通过桥下留意限高标志

你正在城市道路上驾驶一辆厢式货车，右前方有行人好像准备横穿马路，远处有车辆迎面驶来即将与你会车。通过此处后你准备穿过铁路桥洞继续直行（图4-56），这时你需要注意什么？

图4-56 注意限高标志（1）

前方的行人和即将与你交会的车辆固然值得注意，然而前方桥梁限高同样关键（图4-57）。

图4-57 注意限高标志（2）

绝大部分桥梁涵洞都有限高要求，对于驾驶经验成熟的货车驾驶人来说，一般不至于忽视限高指示牌信息。比较常见的情况是那些经验不足的货车驾驶人，他们的头脑里没有形成货车车厢的高度概念，通过桥梁下方前疏于观察，结果卡在防护栏或桥洞里，进不去出不来，给自己造成经济损失，还影响了道路交通情况。

5 高架桥下车流交汇需谨慎

你正在高架桥下等候左转，两辆直行车辆正在通过路口，在这两辆车之后完成转弯看上去没什么问题，所以你准备抓紧这个时机左转（图4-58）。此时你需要注意什么？

图4-58 高架桥下车流交汇（1）

高架桥桥墩遮挡了观察范围，你应该注意桥墩后方即将驶出的摩托车。

当你刚开始左转时突然有辆摩托车直行过来差点与你相撞，一起事故险些酿成。如果仔细观察险情发生前片刻的画面，可以看到高架桥墩的后方隐约能看到摩托车的车头和骑手头盔的一部分，如果提前发现了即将驶近的摩托车，显然不至于措手不及（图4-59）。高架桥下交通流复杂，桥墩遮挡驾驶人的视线观察范围，容易忽略隐藏着的危险，所以更需要谨慎慢行。在转弯时慢慢探出车头，待对向车道的情况明朗后再完成转弯。

图4-59 高架桥下车流交汇（2）

无论是摩托车还是汽车，在有桥墩的路段行驶时，在道路中间车道行驶的驾驶人容易被建筑物遮挡，对于其他车辆来说比较难以观察。在这个案例中，摩托车驾驶人同样应该考虑到从桥墩后方可能有右转弯车辆过来，所以驶过桥墩时要控制车速，特别是在信号灯即将变化时右转弯车辆过来的可能性较高，因此绝对不能贸然强行通过。

防御性驾驶

第八节 高速公路

高速公路道路通行条件良好,其他交通参与者干扰较少,很多驾驶人认为高速公路行车比较容易。但在高速公路上,车辆速度都较高,驾驶人视野变窄,车辆制动距离增加、车辆稳定性下降,任何一点小的差错都可能引发交通事故,而且事故后果要比普通道路交通事故严重得多。高速公路中潜藏着各种危险,更要仔细观察、提前预防。

1 行车谨防"高速催眠"

你正驾车在高速公路上行驶,此时高速公路上车辆非常少,视野所及之处没有其他车辆(图4-60),此时你应该注意的是什么?

虽然此时高速公路上没有其他车辆,但是在这种情况下驾驶,你最应该提防的是"高速催眠"。高速公路交通情况单一,线形变化少,景观单调,驾驶人大脑接受的刺激少,操作量也少,时间长了容易使注意力涣散、知觉减弱、反应迟钝、放松

图4-60 谨防"高速催眠"

警惕,从而出现昏昏欲睡的"高速催眠"现象。尤其是车速在80km/h以上时,最容易发生"高速催眠"现象。驾驶人可通过缩短连续驾驶时间、适当休息、增加感官刺激(如听音乐、嚼口香糖、变换视线)、改变速度等方式防止高速催眠。

2 出入口处危险多

你驾驶机动车在高速公路的最右侧行车道行驶,通过入口加速车道时,刚好遇到有车辆在加速车道内行驶(图4-61),此时你应该注意什么?

这个时候你应该注意,正在加速车道内行驶的车辆,可能车速未到60km/h以上

图4-61 高速公路出入口行驶(1)

就汇入行车道，或者该车辆可能未观察后方来车，便直接驶入行车道（图4-62）。

车辆在进入高速公路时，驾驶人可能会不经加速车道或加速不足直接驶入行车道，这会迫使处于最右侧车道的驾驶人紧急制动或改变行驶方向，很容易引发危险。尤其是夜间行驶时，驾驶人对前车的速度和位置可能会出现错误的判断，很容易将停止或行驶缓慢的车辆误认为是正常行驶的车辆，这在入口处将会更加危险。因此行经高速公路入口时，最好不要在最右侧车道行驶。

图4-62　高速公路出入口行驶（2）

高速公路出口是引起车辆改变行驶状态的另一个重要诱因，此处潜藏着许多危险。在出口附近，前车可能在临近出口时突然减速或变更车道，最左侧车道的前车也可能突然变更车道，其他错过出口的车辆可能正在违法倒车，已变更至右侧车道准备驶离高速的车辆可能选择了错误出口而又向左汇入车流。在车速较高的状态下，周围车辆的任何动作都可能给本车造成危险。因此，驾驶人在看到第一个出口预告标志时就应时刻观察周围车辆的动态，在接近出口时，更应提高警惕。

❸ 防止长下坡制动失效

你正驾驶满载货物的大货车在高速公路上行驶，当发现前方出现长下坡路段的时候（图4-63），此时你应该注意什么？

图4-63　长下坡

在长下坡路段你最应该注意的是保证车辆的制动性能，使用低速挡行驶，靠发动机的牵阻作用控制车速。特别是当满载货物的时候，自重对车速的影响会更加明显。如果长时间使用行车制动，制动器会出现热衰退现象，制动性能下降。当出现紧急情况，需要紧急制动的时候，过大的重量、较快的速度再加上

· 121 ·

防御性驾驶

制动性能衰退的制动器，这些让驾驶的车辆难以在安全的距离内停下。

所以，当驾驶大中型客货车在长下坡路段行驶，特别是满载货物或者乘员的时候，不要寄希望于紧急制动能让你免于事故。当紧急情况出现的时候，你一定要记得，如果快速行驶，车辆是根本停不下来的。所以，一定要选择低速挡行驶，控制好车速，给自己预留足够的安全空间。

4 谨防对向来车穿越护栏

你正在高速公路上行驶，突然不远处对向车道上两辆车发生追尾事故，此时你应该注意什么（图 4-64）？

图 4-64　前方车辆事故

此时你应该注意，虽然事故发生在对向车道，但是对面的小型汽车很有可能冲破隔离带进入本方车道（图 4-65）。

图 4-65　谨防事故车辆冲入本车道

高速公路上的中央隔离带将两个方向的车辆进行了有效隔离，从视觉上和心理上都给驾驶人一种安全感，但这并不意味着绝对安全。一旦对面出现交通事故，对向车完全有可能冲破隔离带进入本方向车道，瞬间阻断交通，造成严重事故。此外，如果有大型车辆涉及对向交通事故，由于其本身车体较高，其脱落的零部件可能会高速飞越隔离带，对本方向车辆安全造成极大的威胁。因此，建议你在高速公路行驶时，不要长时间在最左侧车道行驶，多选择在中间车道行驶，不但可以扩大视野范围，将两侧的交通情况尽可能多地纳入视野范围，而且如果有紧急情况发生，也能为自己争取多一点的反应时间。

5 长时间并排行驶风险高

你正在高速公路上行驶，在你临近车道有一辆大型客车与你并排行驶（图4-66），此时你应该注意什么？

图4-66 与大型车辆并排行驶

这个时候你应该注意避免长时间并排行驶。

高速公路通常有多条行车道，车辆各行其道，难免会出现多车高速并行的状态，此种状况安全风险极高。因为车辆高速并行时，各车周围的气流扰动会相互影响方向的稳定性。尤其是当大型车辆接近小型车辆时，小型车辆有被"吹跑"的感觉；当超过小型车辆时，小型车辆会有被"吸走"的感觉。如果你驾驶的是大中型客货车，当发现有小型汽车接近或试图超越你的时候，应稍让一些速度让其尽快超越，防止两车长时间并行，避免小型汽车可能出现方向偏离带来的危险。此外，车辆并排行驶时，一旦其中的某一辆车行驶方向发生偏离，那么并排的车辆将都没有足够的躲避空间，容易引发多车连环事故。

6 警惕动物和违法进入的行人

你正在高速公路上行驶,当途经一个村镇时(图4-67),此时你应该注意什么?

图4-67　警惕动物和行人

这时候你应该留意可能会有闯入高速公路的动物或者行人。

高速因为是全封闭管理,道路干扰因素少,但仍不能掉以轻心,在行经村镇、动物保护区或牧区路段时,经常有不小心闯入或货车掉落的动物、违法穿行的行人等出现,如果不注意观察提前预防,定会让你措手不及。此外,道路上可能有其他车辆遗撒的货物及其他障碍物,有时临近时才可能发现,因此,一定要提前仔细观察,及早发现和预防。

7 出入收费站警惕加塞

即将驶入高速公路的收费站,前方各条车道内都有车辆排队等候通过收费口(图4-68)。这时你需要注意什么?

图4-68　进入收费站(1)

你最应该注意右前方车辆离你最近的车辆,因为它可能临时改变主意,决定插入你所在的通道（图 4-69）。

高速公路收费口附近车流密集，但车速较慢，通常不会出现严重的交通事故。但是，正是这种交通流特点往往使驾驶人容易放松警惕，尤其是画面中这种各行其道排队等待时，驾驶人倾向于自动跟随前车行

图 4-69　进入收费站（2）

进，有时甚至接打电话或者聊天等，对周遭情况疏于观察。在这个案例中右前方车辆如果突然改变主意插入你车前方，你可能因为没有准备而发生追撞。虽然责任不在你，但还是应尽量避免这类事故。日常行车中预防交通事故就是这样，自己多一些考虑多观察几眼，往往就能把险情消除于无形之间。

8　城市快速路谨防车辆穿插

你正行驶在城市快速路中，前方车辆较多，且车流行进速度较快（图 4-70）。这时你需要注意什么？

作为一个合格的防御型驾驶人，那么就应该注意到左前方车辆已经开启了右转向灯，看来他是准备变更到你所在的车道内了（图 4-71）。

图 4-70　城市快速路多车流路段行驶（1）

图 4-71　城市快速路多车流路段行驶（2）

高速公路、城市快速路通行效率较高，车流时速较快，要求驾驶人在相对较短的时间内处理更多的信息，做出更快的决策。跟车行驶时保持车距非常重要，但车距并不能解决相邻车道内车辆变更车道带来的安全隐患。在这个案例中，原本行驶

防御性驾驶

在左侧的车辆突然从你前方插入了你所在的车道,如果你没有注意到他的转向灯的话,那么很容易发生碰撞——更严重的是,后车还可能由于你的突然刹车而与你追尾。他人突然变更车道、连续变更车道在高速公路、城市快速路上经常会遇到,除了个人驾驶习惯问题以外,大多是由于临近出口没有提前驶入外侧车道的缘故。高速行驶中只要保持好跟车距离,前方遇有紧急情况一般都能够从容应对,反倒是侧向车辆的异常状态需要格外小心,特别是高速公路或城市快速路的出入口区域,一定要提前观察周围情况,做好减速准备。

第九节 乡村道路

在许多乡村和城乡接合部,道路条件较差,交通标志标线等设施不完善,平面交叉路口多,有时还比较隐蔽,占道经营、晒粮、牲畜上路、违反通行规定等情况非常普遍,加之许多道路使用者缺乏交通常识、安全意识不强,交通风险显著上升,城乡和农村道路交通安全形势越发严峻。

1 乡村公路上隐蔽小路口多

夕阳西下,你独自一人驾车行驶在一条不熟悉的乡村道路上,左侧是一望无垠的田野,右侧是郁郁葱葱的树木。夏日里连绵不断的树木给人以愉悦的感觉,但是前方不远处却中断了一段(图4-72)。这时你应该注意什么?

图4-72 乡村公路行驶(1)

乡村道路经常有小路口,在树木的掩映下更难以发现,右前方中断的树木很可能就是一个路口,不加提防的话一旦突然蹿出车辆或行人,很可能躲避不及发生事故(图4-73)。

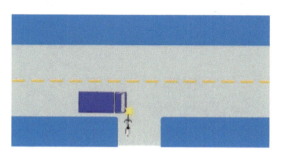

图 4-73 乡村公路行驶（2）

在低等级公路上行驶，两侧时常有小路通向村镇，加之乡村道路标志标线等设置不全或遭到破坏，或由于树木、农作物等的遮挡，与公路相交的小路口显得更加隐蔽，如果没有留心观察，没有提前注意警告标志或路口的警示桩，很容易忽略险情。行人、非机动车或其他车辆经常会突然窜出，让你措手不及，尤其在秋季农作物和树木茂盛时候，这种危险就更加突出。

2 摩托车、自行车骑行方向多变

午后，你正驾车行驶在一条乡村道路上，虽然没有分道线，好在车也不多。左前方有一辆摩托车，路口右侧的道路上还有几辆摩托车在树下乘凉。左前方的摩托车没有开启转向灯，看上去他应该准备直行通过路口（图 4-74），这时你应该注意什么？

图 4-74 谨防摩托车自行车（1）

任何时候行车都不能想当然，因为片刻之后左前方的摩托车很可能突然右转弯——他虽然没有开启转向灯，可是你应该注意到他向右转头张望，说明他可能要右转弯与其他骑摩托车的朋友汇合了（图 4-75）。

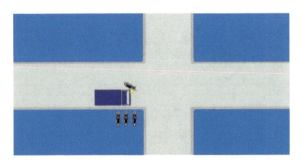

图 4-75 谨防摩托车自行车（2）

在乡村或城乡道路交叉路口通行，一定要减速并注意观察两侧的行人、非机动车、摩托车等，当他们向左或向右转头时，他们可能就要向左或向右转弯了。但是很多时候，他们可能都不会看身后情况，突然左转或横穿道路。这种情况下，你可能接收不到任何他们给出的信号，甚至是无意识发出的信号也没有。此时，最好的办法就是让他们知晓你的存在，当你使近他们的时候，轻按喇叭进行提示，或者当你发现路两侧有可能引起他们改变行驶状态的事物时，提前减速，并将脚备在制动踏板上，以应对可能出现的危险。

3 隔离带缺口处风险高

你正行驶在一条快进城的道路上，路上车辆不多，道路中央的隔离带上不时有一些缺口（图 4-76）。这时你应该注意什么？

图 4-76 注意隔离带缺口（1）

道路中央隔离带的缺口经常成为其他车辆横穿道路或掉头的通道。既然已经注意到隔离带处经常会有缺口，那么就应该想到，很多车辆很可能忽视观察，直接通过隔离带驶入本方车道（图 4-77）。

图 4-77　注意隔离带缺口（2）

很多公路都有较窄的中央隔离带，通常会预留一些缺口供临时通行，但此缺口却会带来非常大的行车风险。因为在有隔离带的道路行车，驾驶人一般认为左侧行驶相对安全些，容易放松警惕，而缺口处却经常有车辆掉头、转弯，也经常会有行人、非机动车穿行，加之隔离带会阻碍视线，使缺口不容易被发现，行车时一定要多加小心。有些地方隔离带缺口虽然被护栏阻隔，但行人可能依然会由此穿行，当护栏遭到破坏时，其他车辆也可能冒险在此掉头、转弯。建议在这样的道路上行驶时，不要长时间在左侧车道，同时多注意道路两侧的情况。

4　通过占道晒粮路段需谨慎

秋天的午后，你正驾车行驶在一条乡村道路上，道路左前方晾晒了一地的粮食，远处有一辆小型汽车正在迎面驶来（图 4-78）。这时你应该注意什么？

图 4-78　通过占道晒粮路段（1）

遇到这种情况应该小心谨慎、提前减速，因为对向来车很可能并不会让你先行——虽然他应该这么做。在障碍区域会车时切忌想当然，一旦两车互相误会，很可能出现措手不及的险情，而这本应该是可以避免的（图 4-79）。

图 4-79　通过占道晒粮路段（2）

在收获季节，人们常常利用干净平整的乡村道路晒粮，一般都会占据一大半的路面，有的还会在路上设置一些障碍来阻止车辆碾轧。这使得路面通行区域变窄，扰乱了正常的通行秩序，行驶的车辆可能会突然转向无粮食的一侧行驶。当通行路面宽度不足，车辆的一侧只能碾压粮食行驶时，要控制好车速和方向，避免紧急制动，防止两侧路面摩擦系数不同引发车辆侧滑。

5　路上占道经营人多车多

今天是赶集的日子，路上车水马龙，摆摊、赶集的人络绎不绝，行驶在这样一段集市的道路上（图 4-80）。此时你应该注意什么？

图 4-80　通过占道经营路段

路遇这种场景，只能是"眼观六路、耳听八方"了。通过集市、庙会、早晚市这种人流密集、机非混行的复杂路段，需要观察的事物太多了，一个不留神就有可能发生碰撞。通过复杂路段一定要放慢速度，因为你观察的速度很有可能赶不上交通环境变化的速度。

在城乡接合部或乡村道路上，人们经常会占道摆摊经营，许多人在道路两侧来回穿行选购并且只顾选择商品而忽视交通安全。行经此类路段时，一定要减速慢行，密切关注摊位周围的人群，重点预防行动不便的老年人和玩耍的儿童，预防其横穿道路。如果赶上乡村集市，占道经营更加普遍，行人、汽车、自行车、摩托车、三轮车等更加密集，交通混乱无序。如有可能，尽量避开此路段通行，必须通过集市时，自行车、三轮车等往往利用其体积小、行动灵活的特点四处寻找空隙通行，要注意避让，预防与其剐蹭。此时，通常行人也会离你很近，更要仔细观察车辆周围情况，保持足够的耐心，因为很多情况下，你的车辆只能一步一步向前挪动。

第十节　恶劣天气

　　雨、雪、雾、大风等恶劣气象对安全行车的影响，主要表现在三个方面：一是造成视线不良、视野变窄，驾驶人不易看清前方和周围的交通情况，雪天、雾天甚至会使驾驶人难以辨别方向。二是造成路面湿滑，附着系数降低，使车辆的制动距离增加，行驶稳定性下降，整体增大驾驶人的控车难度。三是恶劣气象会使其他交通参与者的情况变得不稳定，出现险情的可能性增大。如行人着急避雨忽视车辆靠近、走路或骑车容易摔倒、其他车辆侧滑或紧急制动的概率增大等。

1　安全地改善视线

　　当在道路上行驶的时候，天空突然开始下起了雨，前风窗玻璃、外后视镜以及侧窗玻璃上已经积留了大量的雨滴和雾气，对你的视线造成了很大的影响，此时你想赶紧清洁车窗或后视镜，减少视线盲区（图4-81），这种情况下你最应该注意的是什么？

图4-81　雨雪天视线受阻

防御性驾驶

虽然你已经意识到雨滴、雾气已经对你的视线有了较大的影响，你也想及时进行清理，但需要特别注意的是，切不可在行车中自己动手清洁，这会导致你处在严重的分心状态，很容易引发交通事故。此时应靠边安全停车后完成清洁工作。前后风窗玻璃上的雾气应及时使用空调除雾，以免看不清前后车辆动态。一般情况下，使用冷风除雾会非常快，但关闭空调以后很快又会上雾气，建议用热风来除雾，虽然热风除雾的效果比冷风慢，但是一旦把雾除去，会保持很长一段时间。遇大暴雨或特大暴雨时，刮水器难以改善视线时，不要冒险行车，应选择安全地点停车，并开启示廓灯。

雪天，要注意及时清除前后风窗玻璃、外后视镜和各车灯上面的积雪，防止视线受阻和车灯信号被遮挡。当风窗玻璃上起霜时，开启空调除霜功能，无除霜功能时，切不可在驾驶过程中自己去动手擦除，应找其他随车人员帮忙擦除或安全停车后擦除。雪天后，四周白雪很刺眼会引起眼睛不适，长时间开车应佩戴墨镜。

大风可能会吹起沙尘，能见度降低，影响驾驶视线，有时风可能卷起一个塑料袋或一页报纸挡在前风窗玻璃上，瞬间使你看不清前方道路。同时，强风可能携带砂石、断裂的树枝、广告牌等砸坏风窗玻璃，对驾乘人员人身安全造成威胁，因此，一定要注意提前查看天气情况，合理规划出行计划，尽量避免恶劣天气下驾车。

❷ 雨天转弯留意两侧立柱视野盲区

这是一个雨天的午后，你正打算在交叉路口右转，画面是从驾驶室看到的场景。人行横道的绿灯正在闪烁（图4-82）。此时你需要注意什么呢？

你应该注意右侧立柱旁露出来的蓝色雨伞。

在你刚要开始转弯时，右侧立柱的视觉盲区出现了另一位行人，险些酿成事故。乍一看，在刚才的画面中似乎看不到另一名行人的任何线索，然而仔细观

图4-82 雨天转弯注意立柱盲区（1）

察的话还是能从立柱的左侧看到行人撑的蓝色雨伞的一角——这就是忽略的信息！行车中视野盲区时刻伴随着你，右转弯时车辆右前方视野受到立柱的遮挡形成盲区，这时千万不要忽略两侧立柱的影响，即使是细微的线索也不要放过。雨天环境下，刮水器刮下来的雨水容易汇聚在右侧立柱的左侧，因此与晴天相比，雨天右侧立柱的视野盲区范围更大，更容易被大家忽略。左侧立柱盲区还可以通过前后探头来观察，右侧就只能将右车窗玻璃放下以增大观察范围，或轻按喇叭提示他人注意，如果同车搭乘有其他人员，最好请其他乘员帮忙观察提醒（图4-83）。

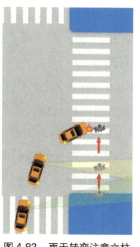

图4-83　雨天转弯注意立柱盲区（2）

小妙招：路口转弯避免小转弯

转弯方式对立柱的视野盲区有很大影响。在交叉路口作小转弯就容易导致行人持续位于立柱的视野盲区范围内，因此在交叉路口转弯时，路况允许的情况下应尽量贴近交叉路口的中心线作直角转弯，并且在将要靠近斑马线时减速慢行。城市交通环境车多人多，交叉路口转弯时容易急躁，不由自主地选择小转弯，然而小转弯时视野不良且更容易与行人发生冲突，危险性也更高。

图4-84　雨天跟车

3　雨天减速增距防事故

下雨天，你正在城市的快速路上跟车行驶（图4-84），此时你应该注意什么呢？

此时你应该降低自己的行驶速度，增大与前车的距离。因为在下雨天，路面的附着系数会有不同程度地降低。刚开始下雨时路面最滑，因为路面逐渐湿润，道路上的灰尘、油污及积累起的橡胶沉淀物等与水混合形成非常光滑的一层薄膜，像润滑剂一样，使车辆的制动距离也大幅增加，也很容易引起车辆侧滑。

从表4-2中可以看出，下雨时路面的附着系数最低，只有0.3~0.4之间。大雨中或大雨过后，雨水将路面（柏油或水泥路面）冲洗干净，路面反而不如刚下雨时湿滑，路面附着系数恢复到0.4~0.6，但仍然与干燥的路面有不小的差距。因此，下雨天降低行驶速度，提高跟车距离，主要为了以下几个方面：一是防止前车紧急制动，造成追尾事故；二是防止前车溅起的水花会影响自己的驾驶视线；三是低速行驶更容易控制车辆的行驶状态，即使出现侧滑等情况也能及时恢复正常；四是若后车追撞自己，避免本车成为中间的"夹心层"。

不同路面附着系数 表4-2

路面状况	附着系数	打滑程度
干燥水泥路面	0.7~1.0	不滑
潮湿水泥路面	0.4~0.6	比较滑
下雨开始时	0.3~0.4	最滑

4 雨雪天行人、骑车人易忽视安全

下雨天，前方有穿着雨衣的骑车人，当你打算越过骑车人的时候，轻按喇叭对其进行了提醒（图4-85），此时你还应该注意什么？

图4-85 雨雪天注意骑车人

这个时候你应该注意的是，虽然你在超越骑车人之前，已经通过鸣喇叭对其进行了提醒，但是这个时候骑车人由于穿着雨衣，加上周围下雨的环境，他很有

可能没有听到你发出的提醒。在你超越的过程中，骑车人很有可能出现改变骑行方向的行为，容易产生剐蹭或者追尾碰撞。

下雨过程中，行人、骑车人穿雨衣，他们的视线、听觉、反应能力等受到限制，有时还为了赶路、赶车横穿猛拐，当车辆临近时他们容易因惊慌失措而滑倒。因此，雨天行驶，驾驶人应减速慢行、耐心避让，与其保持安全距离，切不可急躁地与行人和自行车抢行，避免撞到他们。

冬季无论下雪与否，行人和骑车人通常因穿着较厚、戴帽子、耳套等来保暖，对其视线、听觉等造成影响，不利于周围交通情况的观察和判断。此外，行人和骑车人为了减少在寒冷天气中的等待时间，很可能出现不遵守信号灯、急忙赶路的情形，随时会出现在车前。下雪后，他们的稳定性也随之下降，随时可能会摔倒、滑倒，给行车带来更大风险。

5 雪天要防止车辆溜滑

冬季一夜雪后，你正驾车行驶在积雪已被压实的道路上（图4-86），这时候你应该注意的是什么？

图4-86　雪天防溜滑

在这种情况下，你应该降低车速行驶，增大跟车距离，避免使用行车制动。如果必须要使用行车制动时，也尽量有预见性地提前进行轻踏制动踏板。

下雪后，路面湿滑，车辆很容易打滑。在积雪被压成冰后，车辆更易溜滑，尤其当冰面有轻微融化时，车辆如同在冰水薄膜上行驶，更易引起侧滑。雪天过后数日，虽然路面上绝大部分积雪已经融化，但在道路的背光处或靠近山体一侧仍可能有残留冰雪，弯道路侧或隧道出入口附近也可能有结冰现象，这样会使车辆左右轮的附着力不同，易引起侧滑。雪天出行，最好借助防滑链来辅助驾驶。

6 雪天停车需谨慎

下雪天，你正打算在户外找一处地点停车（图4-87），此时你应该如何选择停车地点？

图4-87 雪天停车地点选择

下雪天，应选择朝阳、避风和平坦无雪处停车，防止轮胎与地面之间结冰冻住。若只能在潮湿、冰雪路面停车，最好不要长时间停车，或者可在车轮下铺垫沙石、柴草和木板等物。也不要在积雪覆盖的大树、简易建筑下停车，防止积雪压断树枝或建筑使车辆或货物受损。

7 雾天看前车尾灯行驶危险大

大雾天，你正在跟车行驶（图4-88），此时你应该注意什么？

雾天跟车行驶，你最应该注意的是不要盯着前车尾灯为参照物行驶。看着前车尾灯行驶存在较大风险：一是盯着前车尾灯行驶，会不知不觉距前车越来越近，前车若紧急制动很容易追尾，若前车撞上障碍物或开进沟里，本车也很难幸免；

图4-88 雾天跟车行驶

二是由于后雾灯也为红色，亮度还比制动灯强，如果前车后雾灯一直亮着，驾驶人很容易忽略前车制动灯，会对车辆的行驶状态（如行车、制动还是停车等）产生误判；三是如果前车开着后雾灯，因后雾灯光线极强，离前车近时会刺激眼睛看不清前方情况，易引发危险。

8 强风会使车辆偏移行驶

大风天气，你驾驶车辆在高速公路上行驶，前方即将驶入桥梁路段（图4-89），此时你应该注意的是什么？

在大风天气下，横风会更加强烈，进入桥梁路段时一定要注意横风可能会使车辆行驶方向发生偏移。在大风天气行驶，即使不经过横风产生的特殊路段，当强风达到某一级别时，同样会使车辆产生偏移。此时，驾驶人一定要握稳转向盘，克服风力引起的方向偏转。尤其是车辆在无（有）遮挡路段突然进入有（无）遮挡路段时，如隧道、桥梁等，会有转向盘被"夺"的感觉，驾驶人一定要根据风向、风力及时纠正自己的行驶方向，但不能猛转转向盘。

图4-89　大风天气驾驶

风向的突然改变，不但会影响行驶方向的偏移，同时会对车速产生影响，如果原来是逆风行驶，突然转为顺风时或者车辆转了个大弯，风阻减少会使车速猛增，不利于应对前方出现的突然情况，驾驶人一定要注意及时调整车速。

第十一节　夜间行车

夜间行车，最大的问题就是视觉障碍，驾驶人视线受阻，视野变窄，不易辨清前方道路情况。面对潜伏在黑夜里的各种危险，一定要充分利用灯光来观察道路情况，综合利用灯光和喇叭让他人注意到你并告知他人你的行驶意图。

图4-90　夜间与远光灯车辆会车

1　警惕眩光带来的危险

深夜，你独自一人驾车行驶在公路上。刚刚驶过一个弯道，就发现一辆大型货车开着远光灯从远处迎面驶来，不久之后两车即将会车（图4-90）。这时你该注意什么？

这时候你要提前减速，并集中注意力准备会车。两车相距较近时，对

防御性驾驶

图 4-91 远光灯炫目

方开启远光灯将使你短时间内看不清道路（图 4-91），情绪随之紧张，极易出现操作失误，从而引发险情。因此，夜间会车一定要减速行驶，随时做好停车的准备。

夜间会车时，对面来车如果使用远光灯，会给你造成炫目而看不清前方道路情况，如果眩光区域内有行人或骑车人，很容易引发事故。因此，会车时应使用近光灯，对方使用远光灯时，应变换远近光灯进行提示，如对方仍使用远光灯时，应提前观察前方道路情况，视线稍向道路右侧转移，并及时减速，必要时停车，千万不能以远光灯对射。遇后方来车开远光灯时，如果你的车内后视镜具备防炫目功能，应及时打开后视镜防眩扳扭。

如果你驾驶的是大中型客货车，你的灯光更高、更亮，夜晚与小型汽车会车时，如果开启远光灯，甚至会使对向的小型汽车驾驶人短暂失明，容易因操作不当引发事故。这种情形中，虽然你可能不会受到什么伤害也可能不会承担任何责任，但作为一位防御型驾驶人，不能为了自己看得更远更清楚，让自己的行为诱发事故给他人带来危险，况且很多时候自己也会深陷事故之中。

❷ 夜间违法行为多

午夜时分，路上车辆稀少，这个时间似乎没什么人还在外面奔波了。你驾车即将驶过一个交叉路口，前方是绿灯，你准备直接通过，这时候你发现垂直方向车道驶来一辆大型货车（图 4-92）。这时你该注意什么？

为了安全起见，一名防御型驾驶人应该预见到大型货车可能会在这种环境下闯红灯，应提前减速观察情况，确保安全后谨慎通过路口（图 4-93）。

图 4-92 午夜驾驶（1）

夜间驾驶，路上通行车辆少，警察执法相对也少。很多驾驶人认为没有监管，可能存在侥幸心理，容易出现违法行为，如闯红灯、酒后驾驶、超速行驶、疲劳驾驶、违法在道路卸载等。因此，驾驶人夜间行车更应提高警惕。

3 警惕穿深色衣服的行人和骑车人

这是一个冬日的夜晚，天色早已经暗下来了，路上还是有不少人行色匆匆地奔波赶路。右前方有一辆公交车在停车上下客，前方迎面有一辆小型汽车正在左转弯，你准备跟着小型汽车右转弯驶入小区（图 4-94）。这时你应该注意什么？

图 4-93　午夜驾驶（2）

你还应该注意到路口站立的两名行人，他们可能正要横穿道路或者继续向前走，无论如何，都可能会影响你的行车（图 4-95）。

图 4-94　警惕深色衣服行人（1）

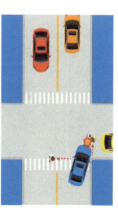

图 4-95　警惕深色衣服行人（2）

在黄昏或夜间行驶，一定要警惕周围是否有穿深色衣服的行人和骑车人等，在夜间他们会毫无征兆地随时出现在你的车前引发危险。夜间行驶时，要注意观察道路中心处（如双黄线处）是否有等待通过的行人或非机动车；前方或右侧可能有穿深色衣服的行人、骑车人但不易被发现，夜间在公路上行驶时一定不要太靠右侧行驶；夜间在城市道路行驶，当发现有自行车倒在地上时，一定要预防周围可能有摔倒的骑车人；此外，夜间行人和骑车人喜欢借助后车的灯光行驶，可能会占用行车道，也应注意避让。

防御性驾驶

4 防范"独眼"车辆

深夜你正行驶在乡村道路上,只能依靠车灯的光亮小心前行。远处驶来一辆只有一个车灯亮的车,很像是"摩托车",感觉道路的宽度足够两车会车(图4-96)。这时你应该注意什么?

图 4-96　防范"独眼"车辆(1)

图 4-97　防范"独眼"车辆(2)

此时,你应该注意的是,夜间行车如果只看到一个车灯,你看到的车辆不一定就是摩托车,还可能是坏了一个前照灯的"独眼"汽车(图4-97)。观察不明时切忌想当然,会车前减速,预留足够的安全间距,总是没有错的。

夜间行驶,当看到对向车只有一个车灯时,也应尽量靠右行驶,留出足够的侧向空间,因为来车可能是摩托车或三轮农用车,也可能是缺了一只前照灯的汽车。当前车只有一个红色尾灯亮时,同样不要想当然地认为是摩托车而盲目超越,也可能是另一只尾灯坏掉的汽车。

5 坡路行驶灯光范围缩小

夜间时段,你正行驶在城市居民区附近的道路上,前方是一段下坡路段,左前方有一位女士正在行走,前方是个交叉路口,之后是一段上坡路段(图4-98)。此时你需要注意什么?

此时,你应该注意远处的上坡路段,虽然灯光照射所限,看不清上坡路段的交通情况，但你要考虑到在看不清的路段上可能会有行人或骑车人。

图 4-98　坡路行驶灯光范围缩小

6　夜间驾驶留意机非混行

夜间，你正行驶在一条城市道路上，右侧有商店和餐饮店，店铺前面排着待客的出租车，出租车外侧还有骑行的自行车（图 4-99），此时你需要注意什么？

图 4-99　留意机非混行（1）

你应该注意可能突然出现的迎面而来的另一辆自行车，因为它可能会改变骑行方向行驶到自己车前，也有可能会迫使自己右前方的自行车向左骑行行驶到自己的正前方（图 4-100）。

虽然是夜间路段，按道理来说应该车辆较少了，但毕竟右侧是商业区，游戏厅和餐饮店随时都可能出入顾客，而这些人的突然出现，就可能给你的行车带来影响。图 4-100 中狭窄的道路上，原本车前方有一辆同方向骑行的自行车，正常

防御性驾驶

图 4-100　留意机非混行（2）

情况下，只需跟着他驶过此处即可。但是远处迎面而来的另一辆自行车对前方的骑车人产生了影响，他为了避开迎面骑过来的自行车选择了向你所占据的车道内骑行，如果你没有准备，就容易发生追撞，就算不追撞至少也会弄个手忙脚乱。

机非混行的一大特征就是非机动车和行人运动的随意性和突然性，且缺少转向灯等提示装置，一旦疏于观察就容易陷入交通冲突。防御性驾驶的有效观察要求对整个视野中的交通环境进行全面扫视，而不是仅仅盯着眼前有限的区域，只留心车前的情况而已——或者可以这么说，缺乏足够的前视距离或只观察车前骑车人的动态，会忽略一些其他的交通信息，而其他交通信息可能会引起车前骑车人的骑行状态发生改变。如果骑车人突然向左侧改变方向，则会使自己措手不及。

第十三节　其他交通参与者

摩托车、电动自行车、自行车、行人与机动车相比，是道路交通参与者中的弱势群体。在与机动车发生碰撞时他们更容易受到伤害。然而，作为交通参与的弱势群体，他们又凭借自身灵活性高的特点，在道路上不断挑战交通规则。非机动车和行人的危险举动主要有不遵守信号灯、在视线受阻的交叉路口不进行安全确认直接莽撞冲出、车流空当处转来钻去、在机动车道行驶、行驶中突然改变方向等等。而且他们受环境的影响较大，如遇到特殊天气时会着急赶路而顾此失彼，雨衣、雨伞等装备非常容易让其忽视了周边机动车的鸣笛警示。

1　摩托车穿行速度快

行驶在道路上，路上车流量不大，行进速度比较平稳。你突然听到后方传来"突突"的声音，从右后视镜一看，一辆摩托车从后方右侧车道两辆车间隙驶出

（图4-101）。此时，你需要注意什么？

图4-101 注意摩托车穿行（1）

此时你要注意右后视镜出现的后方那辆在车流中穿梭的摩托车。他刚刚从旁边车道两辆车之间出来，马上可能驶入己车与后车之间的间隙。当前路面车流量并不大，摩托车很有可能继续"见缝插针"，从两条车道中寻找车辆缝隙来回穿插，也许很快就要行驶到己车前方。而且当摩托车在右侧车道车辆之间时，通过己车后视镜并不一定能及时判断出摩托车的动向，要随时通过声音和观察后视镜来判断摩托车位置，有必要时适时减速（图4-102）。

带有牌照的摩托车在法律上属于机动车的范畴，上路行驶时应行驶在机动车道的最右侧。然而很多摩托车仗着自己行动灵活，比机动车窄小的优势在机动车道之间来回穿梭。并且大排量摩托车的速度并不比汽车慢，往往驾驶人在第一眼看后视镜的时候还没看到摩托车的身影，而几秒之内他就窜到了车辆前方。

摩托车在行驶时伴随着高速度声音也会比较大，图4-102 注意摩托车穿行（2）
如果听到大的排气声呈靠近趋势，则要多注意观察后视镜并且做好减速的准备。

2 二轮车辆多违章且稳定性差

你驾车右转弯驶入一条比较安静的道路，路两边是居民住宅区，道路上车很少，你刚准备提高车速，视野中出现了两辆一前一后行驶的自行车（图4-103）。此时，你应该注意什么？

你应该注意到前面那辆自行车骑车人正在回头看后方自行车，两辆自行车很

防御性驾驶

有可能是结伴出行。在前车骑车人的召唤下，后车很有可能加速行驶进入机动车道与前车并排。前方的自行车由于没有后视镜装置，很有可能疏忽了后方可能有来车的情况。此时，在后方的你应该注意观察两辆自行车的动向，以便及时采取可行的措施。需要注意的是，骑车上下学的学生如果结伴而行，则喜欢并排骑行，他们常常忽视了自己骑车的位置已经超出了非机动车道的范围。

图 4-103　注意自行车

没有牌照的轻便摩托车在路上行驶时，同样会出现闯红灯、逆行等违法行为，同时它与自行车一样，稳定性较差，遇突发情况时可能摔倒。当你驾车经过摩托车、电动车、自行车等二轮交通工具时一定要提前做好随时减速的准备，并且留出足够距离，防止这些车辆突然摔倒。

3 孩子玩耍行动随意性大

你驾车行驶在安静的道路上，四周没有其他车辆，心情比较放松。前方就是一个交叉路口，路口两侧各有一个大人和一个孩子（图 4-104），此时你应该注意什么？

图 4-104　注意儿童（1）

你应该注意右侧孩子的动向。他们很有可能一对母子，孩子很有可能在玩耍过程中直接横穿马路去找妈妈。你要明白，小孩子可能不知道车辆的危险性，他们既不知道被车撞是什么概念，更不知道车辆不可能马上停止。此外，孩子的注意力散漫，又很容易被任何感兴趣的事物吸引走。一旦发现自己追逐的东西，周围的一切都会顾不上。

首先，驾车行驶时一定要注意路边的孩子，即使被大人拉着手，他们也有可能随时挣脱大人的手。还有一些迹象能够帮助驾驶人预料下一秒可能会有孩子冲进车道：例如在住宅楼密集的道路行驶时，看到路边有皮球或电动小汽车等玩具跑出来，则要立刻想到可能会有孩子跟着跑出来追玩具。有的时候在小区道路上看到四五个孩子在一起玩球，孩子们看见有车过来可能会向两边躲。此时一定要注意如果一群孩子分别向道路两侧跑开，那么可能发生有孩子看到要好的小伙伴与自己跑的方向不同，而再次跑向另一边（图4-105）。

图4-105 注意儿童（2）

其次，随着家家户户养宠物的比例增加，有时候会有小狗带着遛狗绳跑出来，那么也要想到这只小狗可能是在遛狗的途中挣脱了小孩的手跑出来的，应该立即停车并在原地稍等片刻，预防孩子会跑出来追小狗（图4-106）。

如果驾车行驶在学校区域，看到路边大人向另一边招手或喊话，那么很有可能是家长看到自己家孩子而在叫他。看见道路的一边是孩子单独在走，另一边是大人，就要想到两边的大人和孩子可能是一起的，

图4-106 注意儿童（3）

而孩子会随时跑过马路去找爸爸妈妈。在这种情况下一定要尽量把速度降到最低，预防孩子随时从车前跑过去。如果可能应该让家长先看到车辆，由家长过去拉住孩子或者由家长制止孩子横穿马路。

4 季节对行人和非机动车行为影响大

昨天刚刚下过雪，今天刮起了不小的风，右前方电动车骑车人都戴着帽子裹着围巾。马上到达路口，你开启了右转向灯准备右转了（图4-107），此时，你应该注意什么？

防御性驾驶

图 4-107　冬季骑车人

你应该注意前方电动车的动向。骑车人裹的十分严实，一方面他们无法像平常一样灵活地观察四周，另一方面，即便你轻按喇叭提示，他们也可能听不到。如果这时你仍像平常一样继续右转，骑车人很有可能在完全不知情的情况下与你发生碰撞。

冬天出行时，人们为了保暖会戴上帽子、耳罩和围巾，尤其是骑自行车和电动车、摩托车的骑车人，由于骑车时寒风刺骨，他们会佩戴更厚重的帽子和口罩，将自己包裹的十分严实。这些服饰在注重保暖效果的同时，却将人们的感官器官与外界切断。厚重的帽子和耳罩严重影响人们的听觉，听不到车辆靠近时的引擎声，也听不真切车辆鸣笛时的喇叭声。同时受到帽檐和口罩的限制，人们的视线又受到了阻挡，他们在扭头观察时会不能很好地转动脖子，因此可能看不见周围的危险情况。

冬天驾车出行时尤其要注意礼让行人和骑车人。不要以为灯光、鸣笛能够使行人和骑车人看见或听见汽车，有时候他们的确是受到笨重的服装所限没有察觉到车辆靠近，有的时候因为天气寒冷，他们可能比其他季节更着急到达目的地进入温暖的室内。

驾驶人坐在车里面比外面的人要舒适得多，那么不如对外面的人多加体谅，能让行的时候果断让行，千万不要与行人和非机动车抢行，这既是安全行车也是文明行车。

5　警惕"鬼探头"

驾车即将经过公交车站，右边车道已经排了好几辆进站的公交车（图 4-108），此时，你应该注意什么？

此时你应该意识到，前方公交车上刚下车的乘客很有可能从两辆公交车间隙中走出，为图方便横穿马路。如果此时不提前减速并注意观察，很有可能撞上从公交车间隙中走出的行人。

驾驶人的视线受到阻挡，行人、非机动车突然出现导致驾驶人猝不及防的现象俗称为"鬼探头"。"鬼探头"的现象在路上并不少见，由于城市道路上各种交通场景混杂，可能发生"鬼探头"的地点较多。公交车站停靠的公交车车头、十字路口等候红灯时旁边车身较高的车辆，路上的广告牌，甚至是道路上较高的绿化带和施工围栏，以及路边停放的车辆之间都有发生"鬼探头"的潜在危险（图4-109）。据经常在路上处理交通事故的交警反映，"鬼探头"的事故率远远高于"中国式过马路"所引发的交通事故。

图4-108　警惕"鬼探头"

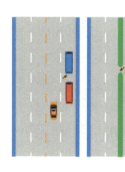

图4-109　"鬼探头"

"鬼探头"的危害在于常常是在驾驶人以为没有危险的时候突然从视觉盲区闯出行人，导致驾驶人措手不及。预防"鬼探头"的难度较大，但也不是束手无策。首先，经过较高的障碍物时要想到障碍物可能制造了盲区，要把脚放在制动踏板上随时做好制动停车的准备。经过公交车站时，白天可以轻按一下喇叭提示有车过来；夜间可以来回切换远近光灯来提示。十字路口等候红灯时如果一侧是公交车等大型车，则起步时不要早于公交车，一定要比公交车慢1~2s，因为公交车的高度可能会把没有过完马路的行人挡住。建议不要长时间在道路最左侧车道行驶，最左侧车道往往是快行道，如果有行人穿越绿化带过来最容易措手不及。在道路行车时还要善于观察两边的车辆。如果一侧车辆突然慢了下来，则有可能这一侧有突然状况。要么是出现了事故，要么就是有人要过马路或者是有车辆要一次并多条车道。

6 注意老年人行动迟缓

在路口排队等信号灯，直行绿灯刚刚亮起，前车已经驶出路口，你正准备松

开刹车通过路口,此时,你看到一位老人走到了己车左前方道路中间(图4-110)。此时,你应该注意什么?

你应该注意在道路中间的那位老人。虽然直行绿灯已经亮起,但是老人没有停下脚步,看起来他是想尽快通过马路,并没有注意到你的车马上要起步。在城市道

图4-110 注意老人

路行驶时老年人也是很常见并且同样需要引起驾驶人高度警惕的群体之一。老年人的在道路上主要有以下几个特征:一是多数老年人听力和视力减退,有的时候不是他们不理车辆,而是耳朵背眼睛花可能听不清楚车辆鸣笛或看不清楚车辆过来;二是老年人行动不便,还有人拄着拐坐着轮椅,看见车辆过来想躲也走不快;三是看见车辆过来或是被车辆鸣笛时容易紧张。越紧张越想快走,越想快走反倒越走不快。

看见老年人在路边走,要提前减速并留出足够的空间,以防老年人因车辆疾驰而过惊吓跌倒,或是因为其他任何原因跌倒。在路上看见老年人过马路,即使是在没有人行横道的地点也决不要鸣笛警告或者催促,在离他一定距离的地点停车,等候老年人通过马路后再继续行驶。

7 残障人士对危险感知慢

驾车行驶在城市道路上,这个时候路上车辆并不多,前方是人行横道,车前进方向绿灯亮起,但一位带着导盲犬的盲人已经进入人行横道(图4-111)。此时你需要注意什么?

图4-111 注意残障人士

你应该意识到，虽然此时人行横道为红灯，但是盲人可能会在导盲犬的引导下继续前进。如果你不减速停车避让，很有可能发生碰撞。

独自出行的残障人士一般不多见，但是作为一名合格的驾驶人不能不考虑到路上交通参与者的复杂多样。在路上开车时，如果看见行人的行为举止与常人不同，则要想到他可能是肢体有障碍的残障人士。

盲人出行时一般会拉着导盲犬、以盲杖探路或是有同伴引导，然而中国大小城市的人行道上铺设的盲道常常被非法占用，给盲人的出行带来了极大的困难，因此盲人可能会从不是斑马线的位置横过马路。遇见盲人过马路绝对不要鸣笛警示，要在距离他足够距离的地点停车等候其过马路（图4-112）。

图4-112　注意盲人

如果有必要，可以下车指挥其他车辆停车，并上去扶他过去。协助盲人过马路时切记一点，一定要在搀扶他之前询问他是否需要帮忙，在征得本人的同意后再搀扶，不要莽撞地上去拉人。

聋哑人在出行时看起来基本与正常人一样。唯独有一点值得注意的是他们由于听不到声音，因此对于车辆喇叭不会有反应。如果向某一行人鸣笛却不能产生任何效果时，就要想到他可能是聋哑人。此时要停止鸣笛，在确认安全的情况下绕开驶过。

腿脚有障碍或坐轮椅的残疾人士从外表就很容易判断。驾车路过腿脚有障碍的行人或坐轮椅的人时一定要减速并预留充分的空间通过，防止他们因路面不平跌倒。

智力有问题的行人从其行为举止上也比较容易判断，如果驾驶人判断前方行人智力有障碍，则要防止其做出任何突然行动。减速观察后再判断是否会影响正

防御性驾驶

常行车，然后再决定是停车等候、绕行还是保持原有速度。

8 繁忙商业区留意机非混行

行驶在午间的繁忙商业区路段，该区域车辆密集，你前方有正在过马路的行人，但是他们马上就要从你前方过去了，你打算缓行跟到出租车后面（图4-113）。此时你需要注意什么？

图4-113　商业区留意机非混行

你应该注意到右前方车顶上看到的行人的头部。如果右前方车辆之间的行人突然走出来，你将会猝不及防，容易引发事故。虽然说从车辆间隙横穿出来的行人也缺乏自我保护的意识，但毕竟作为机动车驾驶人，相对而言仍然是强势一方，通过有效地观察保护他人不受伤害非常重要。午间时段的商业区路段，人车混杂交通流混乱，这些都是客观存在的问题，但是如果仔细观察刚才的画面，完全可以预料到右侧突然穿出的行人。

道路拥堵导致车辆停在路中间时，驾驶人尤其要注意行人可能在车流中间穿行。虽然不是每一次行人穿行的时候我们都能找到线索提示，但一般当我们看到有很多行人穿行马路，就应该预料到可能会有更多人穿行，这是一种经验之谈。特别是在午餐时间的商业区路段，很多人都会出来吃饭或者散步，所以更要注意行人横穿马路时可能带来的安全隐患。

第五章 特殊情况的应急处置

人有千虑必有一失,即便是防御型驾驶人也不能完全保证不会出现失误的时候,尤其是对车辆技术故障和特殊恶劣天气的预见能力存在一定局限性的情况下,特殊情况的应急处置能力就显得尤为重要了。

遇紧急情况,应以损失最小为原则进行处置。紧急情况避险时,应沉着冷静,坚持"先避人,后避物"和"避重就轻"的处理原则。一般来说,低速行车时遇有紧急情况,可先控制方向,适当减速,通常可以有效规避危险,高速行车时则应先控制车速,在未有效降低车速以前急打转向盘,极有可能造成车辆失控侧滑甚至侧翻,引发更大事故。

第一节 车辆技术故障

大部分的车辆故障也会存在一定的前兆,可通过出行前的检查、定期维护等加以排除。平时应该留意车辆状态的变化,尽量不要让故障发生在行车途中。在行车途中发生故障时,应沉着冷静应对,切忌慌乱。

1 轮胎漏气

驾驶机动车时,发现转向盘向一侧偏转,车身倾斜,则有可能出现轮胎漏气情况(图5-1)。此时,驾驶人应握紧转向盘,缓慢制动减速,尽力控制行驶方向,驶离行车道,尽量避免采取紧急制动。

2 突然爆胎

高速行驶时出现突然爆胎(图5-2),车辆会向爆胎一侧以极大的力量急转,此时,驾驶人应稳定情绪,沉着应对,按以下步骤操作:

图5-1 轮胎漏气

防御性驾驶

（1）握稳转向盘，控制车辆方向，使车身保持直线行驶；

（2）松抬加速踏板，踩踏制动踏板，逐渐降低车速，避免紧急制动；

（3）开启右转向灯，逐渐靠路边停车。

图 5-2　爆胎

3　转向突然失控

当车辆转向系统出现零件破裂、脱落、卡滞等情况时，转向系统可能会突然失控，导致驾驶人失去对车辆方向的控制。

如果车辆仍能保持直线行驶，且前方道路情况允许保持直线行驶时，驾驶人应迅速松抬加速踏板，将挡位换入低速挡，当车速适当降低后再踩下制动踏板，缓慢平稳停车。

如果机动车已偏离直线行驶，事故无法避免时，应采取紧急制动措施，尽快减速停车，尽量缩短停车距离，减轻撞车力度。

 提示：

（1）对于转向失控的车辆，最有效的控制方法是平稳制动。

（2）对于装有动力转向的车辆，突然发现转向困难、操作费力，可能是动力部件出现故障，切勿继续驾驶，应尽快减速，靠右行驶，选择安全地点停车，查明原因，排除故障。

4　制动突然失效

行车中制动突然失灵或失效时，驾驶人要沉着镇静，稳握转向盘，以控制方向为第一应急措施，立即松抬加速踏板，利用抢挂低速挡、缓拉驻车制动器操纵杆进行减速。若是液压制动车辆，可连续多次踩制动踏板，以期获得制动效果。

为发挥最大制动作用，使用驻车制动器时应间断缓拉，不可将操纵杆一次性拉紧，防止驻车制动器抱死，损坏传动机件丧失制动力或导致车辆方向失控。

下坡路制动失灵或失效时，驾驶人应立即寻找并使用紧急避险车道；停车后，拉紧驻车制动器，以防溜动发生二次险情。若无可利用的地形和时机，应迅速抢挂低速挡，利用发动机牵阻作用控制车速。不得已时，可采用车辆侧面剐蹭山坡或者护栏的方式迫使车辆停住。

5 发动机突然熄火

行车中发动机突然熄火后，通常会在惯性的作用下继续向前溜动一段距离，在此过程中驾驶人应开启右转向灯，观察侧后方情况，将车辆停到路边，打开危险报警闪光灯，检查熄火原因。发动机突然熄火时不得立即挂入空挡，以免由于发动机突然停转造成转向和制动系统失效。涉水行车导致发动机熄火，需察明熄火原因，否则不得再次起动发动机。

第二节 突发意外情况

1 视线突然被遮挡

在高速公路跟随大型货车行驶时，由于高速、大风以及货物覆盖不可靠等原因，偶尔会发生前车货物飘洒或覆盖物散落等问题（图 5-3），一旦飘散物直接影响行车视线，短时间内会造成驾驶人生理和心理的双重干扰，甚至可能直接引发交通事故。遇有视线突然被遮挡的情况时，首先要保持镇定，迅速开启刮水器排除或降低干扰，不要急转转向盘或紧急制动，保持车辆平稳行驶。如果干扰因素不能尽快消除，立即开启危险报警闪光灯，握紧转向盘，平稳减速并伺机变更车道，将车辆移至安全地带。

图 5-3　视线被遮挡

2 雾天遇事故

雾天在高速公路遇事故不能继续行驶时，须开启危险报警闪光灯、雾灯、示廓灯和后位灯，按规定设置警告标志，尽快离开车辆并尽量站到防护栏以外。驾乘人员设置警告标志时，为避免后车观察不清发生险情，应沿着应急车道、路肩或中心隔离带等行走至设置地点，不得直接在行车道内行走。

3 遇到横风

车辆在高速公路行至隧道出口、江面上或两山之间的山口处，可能遇到横风（图 5-4），当驾驶人感到车辆行驶方向偏移时，应双手稳握转向盘微量进行调整，适当减速。一旦发现操控困难，应及时减速甚至停车，以降低横风可能造成的安全隐患。

图 5-4　注意横风

4 短时雷暴

短时雷暴通常发生在夏季，短时间内大量降雨，伴有电闪雷鸣，且天色昏暗。行车中遇有短时雷暴天气时应适时开启前照灯，必要时开启示廓灯或危险报警闪光灯，降低车速谨慎行驶。客运车辆在有条件的情况下可选择安全地点暂时停车，待雷暴天气结束后继续行驶。

5 团雾

雾天行车时，应开启近光灯、示廓灯、后位灯、雾灯和危险报警闪光灯，根据能见度选择不同的车速和安全距离行驶。浓雾天行车，能见度极差时，应先将车开到路边安全地带或停车场，待能见度好转时再上路行驶。雾天由于能见度降低，视线模糊，视距缩短，驾驶人很难看清前方情况，方向难辨，可以将路上标线作为参照物，保持正常的行驶轨迹，但不要跨线行驶。雾天行车灯光的使用不仅是为了自己照路，更是为了向其他交通参与者示明已方的位置。浓雾天行车时，能见度条件不足以支持行驶或遇到前方路段封路，需停车等待时，应离开道路等待，避免在道路上长时间停车（图5-5）。

图 5-5 团雾

雾中行车应该尽量低速行驶，应密切注意前车后位灯，严格控制车速，保持合适的跟车距离，尤其是要与前车保持足够的安全车距，不要跟得太紧，更不要随便超车，一旦前方出现紧急情况，可为自己留有足够的应急距离和反应时间。

第三节　操作失误

在我们日常行车过程中，可能由于操作上的失误，使我们处于车轮锁死、侧滑、碰撞的危险之中，此时我们需要掌握正确应对方法，将损失降到最低。

1 车轮锁死

简单来讲，车轮锁死是指由于紧急制动导致车轮停止转动的现象，车轮锁死之后车辆将失去转向能力，只能沿着原来行驶方向滑动。ABS系统主要功能就是让车辆在制动过程中，车轮可保持转动不死锁，以维持车辆的稳定与转向功能。虽然目前大部分车辆都已经搭载了ABS系统，但我们在首次驾驶不熟悉的车辆之前必须了解车辆是否已经搭载了ABS系统，驾驶ABS车辆遇到紧急状况需紧急制动时，正确的操作方式快速且大力踩下刹车踏板并持续踩着，此时你会感受到刹车踏板的反馈力,这是 ABS 系统起作用后的正常现象。驾驶未搭载 ABS 系统车辆紧急制动时,可能会出现车轮锁死。

车轮锁死是一种非常危险现象,如果前轮锁死,车辆将无法转弯;如果后轮锁死,车辆则会有甩尾现象。对于多轴的牵引车而言,不同轴车轮的锁死后果将更加严重,当前轴锁死时,就会失去转向能力,无法闪避前方障碍;当最后一轴先锁死时,车尾会失去横向抓地力,导致车尾将往前甩;若是拖车头的后轴先锁死时,则会造成拖车头的尾部向前甩,尾车再向前挤压现象。

相较于直线道路,车辆在弯道制动时,更容易因纵向抓地力较为不足,而发生车轮锁死的现象,且同时也会因重量转移的关系,造成横向抓地力降低,使得内侧轮容易锁死,进而发生侧滑现象。所以,任何车辆均应尽量避免在弯道中紧急制动,一定要在进入弯道前先减速,然后低速通过弯道路段,不要一边转弯一边制动。

2 侧滑

车辆转向时速度越快,离心力越大,车辆越容易冲出弯道或侧滑(图 5-6);路面湿滑车速较高时,紧急制动易导致侧滑或甩尾等危险情况。车辆发生侧滑时,应向侧滑的一方转动转向盘,慢转慢回进行调整,修正方向后继续行驶。

图 5-6　侧滑

3 碰撞

车辆在会车、超车或避让障碍物时,车辆之间或与其他物体容易发生刮蹭现象，所以应加大车辆间的横向间距。当剐蹭不可避免时应以制动减速为主、修正方向为辅，适度减轻剐蹭，不可急转转向盘。车辆发生剐蹭时，身体迅速向车内侧倾斜，握紧转向盘，后背尽量靠住椅背，稳住身体，以防车门脱开被甩出车外或车壳变形挤伤身体。

低速行车中与其他车辆有正面碰撞可能时，在保证安全的前提下，及时控制转向盘，避免或减轻碰撞结果。高速行车中已不可避免发生正面碰撞时，应紧急制动，以减少正面碰撞力，迅速判断将受到撞击的部位。如果撞击部位不在驾驶人一侧或撞击力量较小时，应紧握转向盘，两腿向前蹬，身体向后倾斜，紧靠座椅后背，以抵消惯性力。如果撞击部位在驾驶人一侧，应该迅速放开转向盘，并抬起双腿，身体侧卧于右侧座上，避免身体被转向盘抵住或车辆受到冲击变形后受伤。

发生侧面碰撞时，车辆在移动的同时可能产生旋转，驾驶室车门也可能被脱开，如果没有系安全带，驾驶人可能在撞击力的作用下被甩出车外。当侧面碰撞无法避免时，驾驶人应紧握转向盘，身体向后倾斜，紧靠座椅靠背，两腿向前蹬，使身体定位稳定。

4 倾翻

侧翻是车辆运行失控的极端状态，一般在高速行驶中遇有紧急情况急转转向盘时容易发生。为避免侧翻事故的发生，高速状态下紧急避险应秉持以制动为主、以转向为辅的基本原则。车辆突然发生倾翻时，如果倾翻力度不大，驾驶人应双手紧握转向盘，双脚蹬直，背部紧靠座椅靠背，稳定自己的身体（系好安全带是稳定身体最有效的措施），避免自身在车内撞伤。

车辆缓慢倾翻有可能跳车逃生时，影响翻车相反方向跳车，切不可顺着翻车方向跳出，防止跳出车外被翻滚的车辆碾压，落地前双手抱头，蜷缩双腿，顺势翻滚，自然停止，不要伸展手腿去强行阻止滚动，以免加剧损伤。

在倾翻过程中，不可避免地被甩出车外时，应当在被甩出车外的瞬间，猛蹬双腿，增加向外抛出的力量，顺势跳出车外；落地时，力争双手抱头，顺势向惯性力的方向多滚动一段距离，以避开车体，增大离开危险区的距离。

防御性驾驶

5 发生"水滑"

当开车经过有积水路面时,若车速太快、轮胎的胎纹太浅,积水将无法顺着轮胎纹路排开,导致轮胎与地面间形成一层水膜,而当轮胎与地面没有实质接触的时候,就会产生水滑现象。一旦发生水滑,就表示该轮胎与路面已失去了所有作用力,包括纵向作用力与横向作用力。如果前轮发生水滑,则会失去转向作用,后轮发生水滑,就会产生侧滑或甩尾等危险情况。当车辆发生水滑时,驾驶人应松抬加速踏板,紧握转向盘,避免紧急制动。

发生水滑的原因与车速、轮胎胎压、胎纹、胎宽、积水厚度、车重等因素有关,其中最大的影响因素是车速。因此为了避免发生"水滑"现象,行至积水路面时应降低车速谨慎驾驶(图5-7)。

图 5-7 水滑

第六章 警示案例

道路交通环境如同一个小社会,每个驾驶人都在扮演着不同的角色。此书编写过程中我们寻访了数十位优秀客货运驾驶人,他们通常以驾驶为工作,见多识广、经验丰富,心理素质过硬,遇有异常情况也能处乱不惊,在长年工作生涯里保持了极低的事故率。通过访谈我们发现,尽管他们脾气秉性各异,但是长期的驾驶经历造就了他们共同的一点,那就是对驾驶任务的谨慎,甚至是敬畏——用他们的话就是"开的越久胆子越小"。

本章精心设计了12个不同主题的小故事,在这些故事中蕴含了驾驶人常见的一些问题。让我们看看故事的主人公们是怎样对待和处理这些问题的,阅读他人经历的同时,也自我反省一下,自己是否存在类似的遭遇。

1 酒驾的"对策"

小王今年28岁,身强体壮精力充沛,说起来跟随父亲老王驾驶长途货车也有个5年的光景了。老王驾驶经验丰富,在他手把手的指导下,小王日渐成熟起来,再过2年,老王就可以安心退休颐养天年了。不过要说缺点,小王也不是没有,那就是喜欢喝点小酒。这爷俩是驾驶长途货运车的,每次上路没个4天下不来,休息的时候小王就喜欢喝点酒放松放松。老王自己一辈子不喝酒,对儿子这个爱好实在是有些放心不下,再加上每次一说起这个话题,小王总是不服不忿的,觉得自己酒量好,别说工作时不喝,就是喝点也不会影响什么的。

最近小王买了辆小型汽车,平时不工作的时候生活出行也方便些,况且习惯了工作时老王的陪伴指导,突然开始一个人驾车,小王还是挺自在的。今晚正好中学同学组织聚会,小王迫不及待地想要显摆一下自己也是有车一族了,早早地就驾车出发赴宴了。老同学见面,自然免不了要推杯换盏叙叙旧情,小王虽然记着出发前老王的嘱咐,可是盛情难却,还是跟大家举起了酒杯。聚会结束已经半夜了,小王虽然喝了好几瓶啤酒,可是精神依旧兴奋,头脑仍然清醒,张罗着驾车送几个同学回家。大家都知道小王的酒量,再加上这时候路上都没什么车了,

防御性驾驶

虽然是酒驾,却也没人反对,一行4人就这么钻进小王新买的小型汽车,嬉笑着离开饭店。

刚行驶出去没多久,同学小郭接到电话,说是今晚全市集中查处酒驾,主干道入口都有交警检查点。这可急坏了小王,要是酒驾被罚款记分,驾驶证还要降级,自己怕是连货运都干不了了,连忙把车停在路边,让小伙伴们给出出主意。小郭说买几瓶矿泉水灌下去吧,稀释稀释酒精浓度,或许就测不出来了,小赵说还是喝点咖啡吧,网上说咖啡可以解酒,要不喝醋也行,小刘说这些都不行,应该找个澡堂子冲冲澡,多出点汗,或许就把酒给带出来了……几个人一通"出谋划策",最后还是没个靠谱的"对策",小王一着急,索性不走干道了,从乡村小道绕回去,远就远点,黑就黑点吧!一路上几个小伙伴都迷迷糊糊地睡着了,小王也有些瞌睡,不过还能坚持,直到眼前突然出现个土坑,小王急忙转动转向盘,一车4人都栽进路沟里……

故事的结局并不算太糟,小王的新车变成了旧车,所幸4个小伙伴都系着安全带,只是撞了个鼻青脸肿而已。令老王欣慰的是,自此以后小王再也没有喝过一次酒,不管是工作中还是生活中。亲身经历教会了小王一个道理:酒驾是没有"对策"的,唯一能够消除酒驾风险的办法就是不要酒驾!

2 偿还"睡债"

李师傅是某市公交公司的一名驾驶人,从参加工作到现在,驾驶公交车也有10多年的历史了,更难能可贵的是,这10多年李师傅一次事故都没有发生过,这也领导和同事们津津乐道的。李师傅不抽烟不喝酒,每天下了班就回家,堪称模范驾驶人+模范丈夫。不过李师傅也有自己的爱好,那就是足球,年轻时驰骋绿茵场,这几年逐渐踢的少了,但是精彩的球赛还是不容错过。

今年恰逢世界杯大赛,李师傅支持的巴西队和荷兰队每逢赛事,他都会第一时间守在电视机前面呐喊助威,虽然比赛大多是在凌晨时段,还是无法阻挡忠实球迷的火热激情。车队领导也知道李师傅是个足球迷,早在世界杯开始之前就告诫他不要"连轴转",一车好几十人呢,疲劳驾驶可不行。李师傅诚心诚意地答应了,他自有他的主意:夜里看球赛,我就提前睡觉,把睡眠时间补上不就行了嘛!

一晃世界杯开幕已经半个月了,李师傅支持的两支球队一路过关斩将,看样子还要继续"煎熬"下去。这一天李师傅照常出车，56路公交车他已经驾驶了好几年了，线路早就滚瓜烂熟，虽然这段时间由于常常熬夜，白天驾车的确有点"不自在"，但应该也不成问题。公交车驶入人民广场交叉口右转弯时，只听咚的一声闷响，李师傅知道不妙，立即停车观察，原来是一辆摩托车从后驶来，直接撞在公交车的右前角上。李师傅和售票员赶紧下车询问伤者情况，拨打报警电话，车上乘客纷纷下车，在繁忙的上班高峰时段，人民广场交叉口乱作一锅粥……

事后交警认定公交车正常行驶，此次事故由摩托车驾驶人负全责，车队领导没有多说什么，一切就这么过去了。只有李师傅自己清楚，平时每次驶过人民广场右转弯时他都会提前观察一下右后方情况，只有这次没有……

3 转向盘后面的"大忙人"

刚哥是个热心肠，身为客运驾驶人的他，对于朋友的事从来不会袖手旁观。由于常年在两地跑客运，刚哥两边的朋友都很多，平时帮忙捎带点东西什么的，更是家常便饭。要问刚哥有多忙，看看他的手机就知道了。别人一般就一个手机，顶多也就是2个，可人家刚哥4个手机揣在身上，用他的话说，那叫"天南地北皆兄弟"。

今天又是忙碌的一天，按照排班计划早上9点发车，下午4点到达目的地。对于刚哥来说，要忙的还不只是这些。朋友托付带的包裹就有好几个，还有一份病人就诊的病历要带给目的地的家属，这些东西分别要跟不同的人"接头"，发车之前刚哥又检查了一遍抄满电话号码的小本子，这才放心。天气不错，路上也还算顺利，上午的车程没什么麻烦。中午在高速公路休息站停留了半个小时，刚哥又开始了下午的旅程。刚行驶没多远，手机响了。刚哥瞥了一眼，是个陌生号码，本不想接了，但一想可能是这趟车的"接货人"，只好接了起来。"喂，喂，是刚哥吗……我是老赵的儿子小赵啊……对对对，我爸托您帮忙给捎来一份病历……对对，是我奶奶的病历……一个大口袋，里面有病历本，还有X光的片子，对，是骨折……好嘞，那我在客运站等您……太谢谢了，谢谢谢谢……"刚哥放下电话，又瞥了一眼脚边的病历袋子，继续驾驶。不一会儿，另一个手机又响了，这次是短信。此时路况有点混乱，车辆多了起来，刚哥寻思了一下，没有把手机掏出来。10多分钟后，路况渐渐明朗起来，周围的车辆也稀疏多了，刚

防御性驾驶

哥想起还有个短信没看，可别有重要的事儿耽误了，于是连忙掏出手机。短信是另一个"收货人"发来的，告诉刚哥临时有点事，下午4点可能赶不到客运站了，问4点半到行不行。刚哥想到4点半还约了别的事情，就按照短信的号码拨了回去，结果电话通了没人接听。又行驶了一段，刚哥觉得还是得跟这个人说一下，自己等不到4点半，但是可以把东西放在客运站"大刘"那里，让对方来了直接找"大刘"拿就行。又拨了一遍号码还是没人接，刚哥只好用手机回复刚才的短信："你好，4点多我还有事，东西放在客运站传达室，你来了找大刘，就说是刚子的朋友"……短信刚编好，还没来得及按下 OK 键，不 OK 的事情就发生了。左侧车道一辆SUV突然变更车道插入自己的前方，刚哥发现时已经来不及操作了，大客车紧急制动发出刺耳的制动声，可还是刚蹭到了 SUV 的左后角……

晚上8点，刚哥和一车满腹牢骚的乘客终于到达目的地。虽然刚蹭得不厉害，SUV 也在撞击护栏之前及时停下来了，不过两车人员还是惊魂未定。高速交警认定这起事故是 SUV 驾驶人违法变更车道造成的，负全部责任，但是刚哥自己清楚，如果不是那个短信，就凭他多年的驾驶经验，今天的事是绝对可以避免的。刚哥掏出自己的 4 个手机，再看看脚旁的 X 光片子，病人栏上仿佛看到了自己的名字……

4 大牛的幸福生活

牛师傅是一名公交车驾驶人，同事们都喜欢叫他"大牛"，一来是因为他业务水平过硬，不但会驾驶还会修理，一般的小毛病自己就能解决了，二来是因为他1.8m 的个子，200多斤的体重，这块头绝对是"大牛"了。大牛烟酒不沾，就是喜欢吃，别人劝他减减肥，他却不以为然。去年体检发现血脂高，医生劝他控制饮食，运动减肥，今年他索性连体检都不去了。他觉得，胖就胖呗，不耽误工作不影响生活，这不就是幸福生活嘛！

今天似乎又是寻常的一天，大牛发车出站，正常行驶在108路公交车的路线上。天气炎热，空气湿度很大，大牛边驾车边出汗，不时抹一下脸和脖子，没一会儿连手巾都湿透了。行进7、8站以后，大牛觉得好像连喘气都困难了，不过他也没在意什么，108路不是空调车，一车的乘客都是汗流浃背的，每年这个时候都特别难熬。公交车继续行驶，又过了几站，大牛感觉更难受了，头也有点疼，不过还能坚持，还有3站就到终点站了，等交车了再休息吧。就这样，大牛又坚持着开了2站，眼看着就要到终点站了，大牛突然觉得头疼得厉害，眼前开始模糊，几秒钟的时间内，一切都变得不正常了。大牛强忍着不适，边减速边调整方向，勉强把公交车停在路边，连危险报警闪光灯都来不及按，就一头栽在转向盘上，不省人事了……大牛醒来的时候是当天晚上了，病床旁边是单位的领导、同事还有家人。原来行车中他突发脑血栓，还好他反应及时操作平稳，才避免了一起严重交通事故的发生。医生看了大牛去年的体检报告，又问了问今年怎么没有去体检，告诫大牛以后要控制饮食注意体重了，脑血栓一旦发作有可能危及生命安全，更别说还拉着一车乘客了。

大牛出院后不再驾驶公交车了，转为场站管理人员，还能协助处理一些车辆故障问题。通过这次的事情，大牛不再讳疾忌医了，积极运动节食，几个月下来已经减了十几斤了。同事们问起减肥秘诀，大牛不好意思地笑笑："健康人生，才是幸福生活呐！"

5 千钧一发

小董刚开始驾驶长途客运车，此前跟着师傅老马驾驶了一年多，感觉自己也见识了不少路上的状况，真正自己上路了，显得自信满满。师傅老马可没这么乐观，他觉得小董还是欠缺经验，不过到底欠缺什么，他也说不清楚。小董问师傅自己什么时候才能真正"独当一面"，老马笑笑，没言语。

时间过得很快，小董在师傅的跟车指导下也驾驶了快半年的长途客运了，说起来平平稳稳的也没出什么岔子。小董觉得自己离真正"出山"不远了，可每次轮到师傅驾车他跟车的时候，还是觉得好像有什么没学到，至于具体是什么，他也说不好。今天又是师徒俩搭班，小董先驾车，过了杨家峪服务区换老马开，每次都是如此。小董知道，过了杨家峪是一段山区高速公路，临崖临水路段，师傅是对自己不放心。车辆驶出服务区，老马平稳地驾驶着，进入山区路段后尤其小心，不时通过后视镜扫视周围情况。大型客车驶入临崖临水区域后没多久，左后方一辆小型汽车连续高速超车，超越自己后突然出现失控状态，车辆行驶轨迹不稳定，减速的同时车身明显抖动。小董立即紧张了起来，双手紧握上下车扶手，不由自主地盯住师傅的转向盘，只希望能尽快绕开前车。千钧一发之际，只见老

防御性驾驶

马瞪大了眼睛紧盯前车,双手紧握转向盘,一脚将制动踏板踩到底,大型客车紧急制动,一车的乘客都向前俯冲,趴在了前排座椅的后背上。伴随着刺耳的制动声,大型客车笔直地追撞在小型汽车尾部,由于两车都减速了不少,碰撞并不算厉害,小型汽车又向前冲出十几米,与护栏剐蹭后停了下来。小董连忙下车,边疏散乘客边报警,小型汽车的驾驶人也下了车,看来受伤并不严重。

处理事故的交警勘察了现场,询问了两车驾驶人事故发生的经过,不由得称赞起老马的沉着冷静。路侧就是落差十几米的农田,一旦大型客车失控侧翻甚至冲出路外,那么一车几十条生命就不堪设想了。事后小董问师傅事发瞬间为什么没转动转向盘避让,老马说客车重心高,高速行车不能急转方向,否则很有可能失控侧翻。小董又问师傅只减速不转向就不怕追尾前车吗,老马想了想,说怕,但更怕一车的人送了命。小董点了点头,突然发觉要跟师傅学的东西还有很多……

6 "不服输"的代价

老黄是个暴脾气,快40的人了,遇事还是容易急躁,搂不住火儿。说起来老黄驾驶货运车也有几年了,效益还不错,今年又换了新车。作为部队转业的驾驶人,老黄的驾驶技术那是没的说的,对车辆也了如指掌,平时碰上点小毛病基本自己就能搞定。唯一让车队领导不放心的,就是他的火爆脾气,尤其是行车中碰上不守规矩的驾驶人,老黄的哲学就是"以暴制暴"。

这是一个闷热的午后,老黄拉着一车矿石行驶在国道上。道路状况很好,标志标线都很齐全,日常维护也很到位,经常有些小型汽车超速行驶,老黄也不以为然。驾驶一段时间后,路上的车辆开始慢了起来,老黄远远望去,前面缓行拥堵得更厉害,"又出事故了",老黄自言自语地嘀咕了一句。老黄正跟着车流缓慢前行,这时右后方一辆小型汽车歪歪斜斜地挤了过来,老黄没在意,也没让行。没走多远,小型汽车又从后面赶了上来,这次是直接把车头挤到老黄车头的右前角,一副不插队成功誓不罢休的劲头。老黄有点生气,按了一下喇叭,希望小型汽车驾驶人知难而退——大家都在缓行等待,怎么就你着急就你知道插队方便啊!谁知道小型汽车不但不知悔改,反而连按了3、4声喇叭回敬老黄,而且车头又向前挪了半米,这下老黄是让也得让,不让也得让了。老黄的火儿是腾的一下就上来了:好小子!你不是要玩硬的吗,咱们就看看是你的小型汽车硬,还是我的大型货车硬！小型汽车插入老黄车前后，又继续向前穿插其他车辆，不过没过多久车流就驶过了事故地点，重新恢复了正常行驶状态。老黄远远地瞄住小型汽车，缓慢加速接近，超越后保持在小型汽车的正前方，接着开始减速。小型汽车似乎意识到了什么，准备变更车道，这时候老黄也跟着变更车道，又成了小型汽车的"绊脚石"。就这样，老黄驾驶着大型货车，跟随着小型汽车变更车道，始终保持对小型汽车的阻挡，一直持续了十几分钟。看得出，小型汽车驾驶人很懊恼，又是鸣喇叭又是打远光的，可他越是这样，老黄越觉得解气，时不时透过后视镜观察下小型汽车的窘态，老黄觉得，这就叫"以暴制暴"。正得意着，老黄突然瞥见小型汽车想要向左变更车道超车，于是连忙转动转向盘变更到左侧车道，还没等老黄来得及欣赏小型汽车的样子，突然发现前车已经紧急制动！老黄连忙急踩制动踏板，伴随着车身剧烈的震动，大型货车还是没停住，把前方的小型汽车推出去十几米，后方又被躲闪不及的小型汽车追撞……

事情已经过去半个月了，由于事发地点限速较低，并未造成严重伤亡，除了小型汽车驾驶人手臂骨折以外，老黄和前车驾驶人都只受了点轻伤。事后老黄专程去医院探望小型汽车驾驶人，并向他道歉，当得知小型汽车驾驶人也是部队转业驾驶人时，老黄仿佛找到了"知音"一样。两人化敌为友，回忆起事故的经过不禁感慨万千：日常行车不是比赛，更不是战斗，安全抵达是唯一的目的，驾驶"斗气车"害人害己啊！

7 惊心动魄 8 公里

小赵驾驶大型货车已经有几年了，不过一直是在厂区各处跑，连市里都没出过，所以一直对驾驶长途车很感兴趣。车队王队长也想锻炼锻炼小赵，不过还是对小赵跑外省市的道路不太放心，于是安排了经验丰富的老朱跟车，两个人换着驾驶，遇到复杂路段就让老朱开车，小赵观摩。

小赵的长途初体验是去北京远郊县送一批钢件，计划是小赵先驾车，快到山区路段了换老朱来驾驶，两个人就这么愉快地上路了。行驶了一个多小时以后，老朱开始感觉不舒服，可能是感冒，头还一阵一阵地疼。老朱在车上吃了片感冒药，觉得精神疲倦有嗜睡的感觉，于是临时改为全程由小赵驾驶，老朱从旁指导。小赵更兴奋了，没想到第一次出远门就让自己全权负责，这可是出发前没想到的

防御性驾驶

意外之喜。驶进山区路段了，老朱警觉地提醒小赵，车速要低一些，前方有一段长下坡路段，听说不少外地驾驶人在哪儿都栽了跟头，咱这车龄也不小了，一定要谨慎小心。小赵满口答应着，心里却没太在意，毕竟一路行驶过来，除了环境新鲜点，倒也没觉得有什么不同之处。午后的阳光很温暖，老朱吃了感冒药，发了点汗，竟然迷迷糊糊地睡着了。小赵倒是精神抖擞，一路哼着小调，心情别提有多棒了。驶过一处减速提示牌，车子进入一段宽阔地带，漫长的车道上几乎看不到其他车辆，小赵深踩加速踏板，车子像撒了欢一样向前驶去。行驶一段距离后，小赵觉得有点不对了，车子似乎在一点一点加速，仿佛有一种即将失控的感觉。哦，对了，这应该就是老朱说的长下坡路段吧，小赵连忙把脚放到制动踏板上，轻踩制动踏板制动减速。这段路很长，车子还在保持逐渐加速的状态，小赵的制动踏板也踩得越来越深，希望能控制车辆稳定行驶。几公里过去了，小赵就这么一直踩着制动踏板行驶，身旁的老朱还在睡觉，一切都显得那么平静。突然之间，小赵感觉不到制动的作用了，车辆开始恢复逐渐加速的状态，小赵试着把制动踏板踩到底，车子还是没有反应。这下小赵慌了，又试了几次踩死制动踏板，可是车子还是继续加速，而且越来越快。拉着一车沉重的钢件，就这么失控冲下去，后果不堪设想……这时小赵才想起还有老朱呢，连忙叫醒老朱，还没等他说明情况，老朱就大叫一声："制动失效了！"老朱让抢挂低挡，小赵连试了几次都挂不进去，眼看车子越来越快，老朱突然向前一指："往避险车道里扎！"小赵抬眼一看，果然前方一百多米有一处应急避险车道，于是调整好方向，带着一车的货物，直直地冲入了沙石堆中……

事故造成货车前部严重受损，货厢的钢件前冲，把驾驶室也压缩了不少，所幸的是老朱和小赵准备充足，都没有严重受伤。事发路段是一段 8km 的连续下坡，每年都有不少外地驾驶人不熟悉情况，由于制动失效导致车辆失控，有的甚至付出了生命的代价。小赵的长途初体验就这么结束了，未来他还会经历更多这样的艰险，唯一能帮他的只有他自己的经验、智慧和勇气。

8 致命过弯

老刘是一名油罐车驾驶人，平时主要奔波在省内几个临近地市的化工厂之间运送成品油。老刘驾驶油罐车才几个月，之前一直是驾驶水泥搅拌罐车的，不过他对这个小小的"转行"倒是不大在意，在他看来，运水泥也好，运汽油也好，驾驶的不都是罐车嘛！

油罐车运输是有安全规程的，其中一项很重要的就是跟车熟悉路况，老刘常跑的几条线路都是跟车走过好多次才自己驾驶的。几个月下来，老刘驾驶的还算平稳，当然这也归功于他此前驾驶水泥罐车积累的经验。最近公司准备让老刘驾驶一条新的线路，已经安排他跟车熟悉了好几趟了，这条线路车不多，路况也算不错，唯一的缺点就是弯道有点多。老刘跟着老丁跑了几趟，基本熟悉了情况，今天就准备自己来驾驶了，当然，老丁还要跟车观察几趟。发车前老丁提醒老刘，这条线别的没啥，就是弯道多了点，有几个还挺急，一定要注意提前减速，罐车不比一般货车，过弯容易失控。老刘一边答应着，一边却没太在意，毕竟之前几个月驾驶油罐车他也跑过一些弯道，况且再之前他驾驶了好多年的水泥罐车，什么弯道没见过啊？发车了，老刘稳稳当当地驾驶着油罐车，偶遇一些状况也都处理得不错，老丁嘴上不说，心里也很佩服——姜是老的辣啊，老驾驶人驾车就是过硬。上午经过几处弯道，老丁感觉车速略快，提醒了老刘两次，老刘也立即减速了，车子倒是没感觉有什么异样。中午吃过饭，老丁本想迷糊一会儿再上路，可是老刘想要早点到，就坚持马上发车，让老丁在车上睡会儿。就这样，午后一点，老刘和老丁就这么一个人驾驶、一个人睡地重新出发。没了老丁的唠叨，老刘反倒驾驶得更顺畅了，经过几处弯道也没有刻意减速，老刘心里有数，翻不了车！又驾驶了一段，前方又是一处弯道，好像比之前碰到的稍微急一些，不过路依然很宽，也没什么车，老刘没多想，保持正常车速驾驶了过去。刚开始过弯，车子很平稳，这让老刘很放心——要是老丁醒着，肯定又要唠叨自己车速快了。没过几秒，车子突然开始向左倾斜，而且倾斜的速度很快！老刘瞬间惊出一身冷汗，深踩制动踏板，同时紧握转向盘，生怕车子就此侧翻过去。1秒，2秒，3秒，4秒……油罐车像一个醉汉一样，在宽阔的路间摇摇晃晃，一边减速一边曲线行进，这期间老丁也醒了，但是被甩来甩去，胳膊和脑袋都撞到了车门上。终于，油罐车在剐蹭了十几米的护栏后停了下来，老刘下车检查，发现左后轮爆了一个胎，右侧车身划出长长一道痕迹。爆胎应该是车辆摇摆不定的过程中轮胎骑轧中心隔离带路肩造成的，车身划痕自不必说，当然是剐蹭护栏留下的。老丁被撞的头晕脑涨，

防御性驾驶

还没反应过来到底发生了什么，不过罐体总算没有损伤，一场大灾难躲了过去。

第二天公司就这起事故专门组织了分析讨论会，老刘虽然做了检讨，还是想不通自己到底错在哪儿了——以前驾驶水泥罐车过这种弯道，也是这速度却并没有失控啊。这会儿老丁已经了解了事故的全过程，他给老刘，也是给全体同事们分析了水泥罐车和油罐车在过弯时的区别：搅拌水泥属于半固体，汽油属于液体，由于灌装不满，过弯时离心力对罐体造成的影响差别很大。液体受离心力作用形状改变地更明显，对罐车的作用力也就更大，驾驶惯了水泥罐车的老刘，在驾驶油罐车过弯的时候，错就错在了按照水泥罐车的速度过弯，所以险些酿成惨剧。

9　绿灯下戛然而止的生命

小刘是一家外企的部门经理，他名牌大学毕业，一毕业就在北京工作了。经过近6年的打拼，他从一名最基层的普通员工晋升到现在的中层干部，这在同学们当中也是佼佼者了，关键是小刘早就在北京拥有了一套属于自己的房子，买了一辆20来万的汽车，还娶了一位漂亮贤惠的媳妇，房子、车子、妻子都有了，真是令还在努力奋斗中的朋友们百般羡慕。小刘夫妻二人小日子过得也很惬意，每到周末就驾驶着心爱的汽车外出度假或者与朋友小聚。这样算来，小刘驾车也有4年多了，驾驶经验也积累了不少。尤其是每天上下班驾车，道路已经非常熟悉了。

这天，小刘工作上的事情特别忙，一直加班到深夜。眼看就晚上11点了，小刘终于忙完了，他赶紧驾驶着汽车回家，马上就到了一个交叉路口，小刘一看是绿灯，而且深夜了，路上几乎没什么车辆了，他就像往常一样正常行驶准备通过路口，可就在这时，殊不知危险正向他靠近。就在小刘通过路口的一瞬间，其左侧相交道路上高速驶来一辆运渣土的大型货车，大型货车闯红灯直直地撞上了小刘驾驶的车，由于大型货车直接撞在了汽车左侧，小刘当即被撞身亡，车辆也支离破碎。就这样，一个在别人看来如此幸福美满的小家就这样破碎了，一个年轻的生命就这样戛然而止。

事后，交警们无不为之惋惜。小刘驾驶车辆好多年了，经验应该不少，但就是因为走在自己无比熟悉的路上，放松了警惕。而且在信号灯是绿灯时，想当然地认为路口应该很安全，完全不知道在夜间，虽然车辆少但危险并不少。如果小刘知道，夜间驾驶人心存侥幸心理，违法行为尤其是闯红灯的行为有所增多这样一种情况，自己的意识上肯定不会轻视这种路况，这样他肯定会放慢速度、仔细观察、谨慎通行的，事故就能够避免，然而这种防御性驾驶的意识却只能通过小刘的教训留给大家了。

10 远光灯下的爱情之殇

小胖和莺莺是一对恩爱的小情侣，小胖其实姓庞，个子不高，长得胖乎乎的很可爱，而且人也热心、善良又很幽默，朋友们都喜欢称他为小胖，这也是莺莺特别喜欢的类型。莺莺聪明贤惠，小胖第一眼见到莺莺就喜欢上了她，二人相恋已经4年了。莺莺经常会上晚班，小胖4年来一直坚持晚上去莺莺单位门口接她下班。

这个，晚上9点多了，小胖早就到了莺莺单位门口，他像往常一样，靠着自行车站在单位对面的马路边等着莺莺下班。路边没有路灯，但莺莺单位的灯光能稍微透过来一些。莺莺9点半准时收拾东西准备下班，一起工作的姐妹们和她开着玩笑，簇拥着就一起到了单位门口，她一眼就看到了对面的男友小胖，心里既高兴又甜蜜，因为有一个这么疼爱自己的男友始终如一地对她，绝对是值得羡慕的幸福事。而且双方都见过家长了，双方父母都很满意。前不久，两家商量好，准备过年时给二人举办婚礼，幸福的新生活马上就要开始了。

还没等莺莺走过来，这时马路的两个方向都有车开了过来，靠近莺莺这边的是大周驾驶的一辆大型货车，他为了看得更远更清楚直接开着远光灯行驶，靠近小胖那边的是小鲁驾驶的一辆小型货车。两车马上就要会车了，小鲁被大周的远光灯照得睁不开眼睛，他反复变换远近光灯提醒大货车改成近光灯，但大周仍然没变，慌乱的小鲁在看不清路况的情况下没有减速而是向右转向躲闪，随着一声撞击，小胖被撞出十几米落地后就再也没醒过来。而莺莺亲眼看见了男友身亡的整个过程，心中无比悲痛。她还未来得及步入幸福的婚姻殿堂就丧失了自己的爱人，心里留下了极大的阴影。

事后，小鲁被判刑，他自己也很后悔自己当初为什么不减速或停车避让一下，不然就不会出现这样的悲剧了。其实，如果大型货车驾驶人大周，别那么自私，严格按照会车规定改用近光灯，事故也能够避免。实际道路上，因为大型车辆开

防御性驾驶

启远光灯会车引发的事故还真是不少，但并不是每次事故大型车辆都能幸运地不被卷入其中。因此，为了自己和他人的安全，一定要按规定使用灯光。

11 公交车前凋谢的花朵

小马名牌大学毕业，毕业后进了一家大型外资企业上班。不到3年的工夫，小马就因为工作勤奋努力，业绩突出，很快就被破格提拔为公司的部门经理，收入也直线上升。事业上的进步，让他想有了买车的冲动，每天想着周末或闲暇时间驾驶着爱车出去兜兜风、旅旅游，生活那该多美好。他很快就考取了驾驶证，并选了一辆自己喜欢的马自达小型汽车，每天开着爱车上下班很是惬意。

这天早晨，小马迷迷糊糊醒来，一看表，"哎呀，晚起了20分钟！"今天上级主管还要给部门开会，肯定要迟到了啊，小马赶紧蹿下床来不及洗漱，飞一般冲下楼下驾车就直奔公司驶去。路上，小马心急如焚，一分一秒的耽搁都让小马担心极了，担心被主管批评，还会让手下的人看笑话并给公司带来不好的影响。转眼间，小马驶入一段单行路，这是小马上班的必经之路，同时也是事故多发路段。只要过了这段路，交通就顺畅了。为了赶时间，小马不住地按喇叭催促前面的车快点行驶，可交通就是不尽人意。小马行驶到某公交车站时，恰逢一辆公交车进站，他可不想跟在公交车后面驾驶，没怎么多想，小马就向左转向进入了公交车左侧的车道，并加油打算快速超过。可就在他要超越公交车的一刹那，从公交车前突然出现了一名背着书包的小女生跑出来，小马来不及采取任何措施，直直地撞上了这名女孩。如花般年纪的女孩就这样在小马的"争分夺秒"中凋谢了。小马也为此付出了巨大的经济代价，并被判刑。

小马后来想想，如果自己驾车时不那么着急，不在公交车挡住自己视线的时候，盲目加速超过，事故完全可以避免。他从来没想到公交车前还会有行人窜出，后来才知道这就是有经验的驾驶人常说的"鬼探头"，想想自己以前总在绿灯刚亮时，在旁边有大车遮挡的情形下也着急快速起步，纯粹就是幸运，还有自己以前超越公交车是多么的鲁莽和无知。

12 乡村公路路口处的险情

小张今年23岁，乐观开朗，从小在城市里长大。去年他交了一个女朋友，是远郊镇上的一个女孩佳佳，女孩很不错，就是家比较远。佳佳每次回家都是小张送她到大型客车上，回来也是小张去车站接她。佳佳对小张无微不至的关爱非常满意，想着交往也1年了，可以让父母见见他了。小张一听，很开心，心想那可是佳佳对我非常认可才让我见家长的，一定要好好表现，让未来的岳父岳母对自己有一个非常满意的印象。小张为此还向朋友借了车，买了一大堆礼品，准备驾车回去。但佳佳考虑到家比较远，还是坐大型客车既方便又安全，毕竟小张对路不熟，而且他也很少有乡村公路驾驶的经验。但她的想法被小张给否决了。

　　这天上午，两个人开开心心一早就踏上了回家的路。一路上，小张驾驶得很顺利，路上车辆也不是很多，很快行程就过半了。佳佳看小张开得不错，而且是第一次让小张带她驾驶汽车回自己家，也很自豪，不仅夸赞起小张来："亲爱的，驾驶技术可以啊！"小张得意地说："必须的，载着媳妇回家，一定得好好表现。"佳佳调皮地一笑，还是很贴心地提示了下小张："现在庄稼高，两边树也多，一定要注意看路啊，这路两边的通往各村的小路口可多呢。"小张拍着胸脯向佳佳保证一定安全到家。车继续平稳地开着，小张见路上人车不多，不自觉地就加快了速度。行驶中，远处右前方出现了一个骑自行车的人，他骑车看着还是很稳的，而且一直正常骑行。在小张看来，这位骑车人也没什么两样，路两边一直都是整齐的大树，也没什么特殊情况。两个人都在自己的道路上正常行驶着。可是，就在小张离那位骑车人不远的时候，骑车人毫无征兆地突然向左转向好像要穿越道路骑向对面。这时，小张也看清了她是一位中年的阿姨。情急之下，小张紧急多次连续踩制动踏板，所幸的是在离骑车的阿姨还有2m的地方车辆停住了，骑车阿姨也安全通过马路了。小张惊出了一身冷汗，佳佳也吓得够呛。他赶忙将车停在路边，这时才发现，路的左侧前方不远处有一个小的路口，因为被大树和庄稼遮挡，显得很隐蔽。小张想起之前在行驶时他虽然看到了T形交叉路口的标志牌了，但一直没看到有路口的迹象，所以就没有提前减速，才造成了这样惊险的一幕。

　　直到这时，小张才明白为什么佳佳会提醒自己了。因为这条道路是乡村公路，自己对道路不熟悉，同时一些交通设施也被树木杂草给遮挡了，许多小路口不走近，根本很难发现，加上路上人少、车少的情况很容易就使人麻痹，误认为不会有人出没或改变行驶方向了，更可怕的是很多骑车人可能真的对来车的速度估计

防御性驾驶

不准，或者有"反正汽车不会撞我的"想法，他们很可能就突然改变骑行方向了。后面的路程，小张就驾驶得小心多了，注意观察标志也会提前减速准备了，最后二人安全到家。

  其实，从旁观者角度看，小张如果不能及时发现路口，一是可能在到达路口前就不会减速，遇到突然情况就会措手不及；二是如果不能及时发现路口，就无法对骑车人的行为做好充分的预判，也会造成突然情况的出现；三是一旦出现紧急情况紧急制动，还会有被追尾的危险。所以在乡村公路行驶时，一定要注意严格限速、提前观察、做好预判和准备。

参 考 文 献

［1］ 公安部交通管理局.中华人民共和国道路交通事故统计年报（2009—2017）[R].公安部交通管理局,2010—2016.

［2］ 交通运输部.安全驾驶从这里开始[M].北京：人民交通出版社股份有限公司,2016.

［3］ NSC.The Defensive Driving Course[M].NSC,2010.

［4］ Smith System.Let's Arrive Alive [M]．Smith System Driver Improvement Institute,2012.

［5］ Anthony J Scotti.Learn To Drive Like A Pro[M].Florida:PhotoGraphics Publishing,2011.

［6］ 余志生.汽车理论[M].5版.北京：机械工业出版社,2011.

［7］ 公安部道路交通安全研究中心.危险货物运输车辆安全使用指南[M].北京：人民交通出版社股份有限公司,2016.

［8］ Japen Aotomobile Federation.エコドライブ１０のすすめ[OL].Japen Aotomobile Federation. http://www.jaf.or.jp/eco-safety/eco/ecodrive/.

［9］ Smith System. Smith 5 Keys Handbook[M]．Smith System Driver Improvement Institute,2012.

［10］ 于鹏程.城市道路环境下驾驶人应激响应时间特性研究[D].西安：长安大学,2012.

［11］ World Health Organization. Global status report on road safety: time for action[EB/oL]. Geneva: WHO,2009.http://www.who.int/violence_injury_prevention/road_safety_status/2009/en/.

［12］ NHTSA. Traffic Safety Facts [R]. Report DOT-HS-811-402, NHTSA, US Department of Transportation, 2011.

［13］ 许洪国.道路交通事故分析与处理[M].2版.北京：人民交通出版社,2004.

［14］ 裴玉龙.道路交通安全[M].北京：人民交通出版社,2004.

［15］ 李作敏.交通工程学[M].2版.北京：人民交通出版社,2000.

[16] 姚泰. 生理学 [M]. 北京：人民卫生出版社，2004.

[17] 王武宏，孙逢春. 道路交通系统中驾驶行为理论与方法 [M]. 北京：科学出版社，2001.

[18] 裴玉龙，王炜. 道路交通事故成因及预防对策 [M]. 北京：科学出版社，2004.

[19] 陈祎磊，贺丽. 实用开车技巧 [M]. 北京：中国宇航出版社，2013.

[20] 袁伟. 城市道路环境中汽车驾驶人动态视觉特性试验研究 [D]. 西安：长安大学，2008.

[21] 杨杰，王国荣. 汽车安全驾驶就这么简单 [M]. 南京：江苏科学技术出版社，2012.

[22] 马勇，付锐. 驾驶人视觉特性与行车安全研究进展 [J]. 中国公路学报. 2015, 28(6), 82-94.

[23] 黄敏雄. 汽车驾驶与安全操作技术教程 [M]. 北京：人民邮电出版社，2012.

[24] 马明芳. 安全驾驶全攻略 [M]. 北京：机械工业出版社，2012.

[25] 庞永华. 汽车安全驾驶经验 1000[M]. 北京：电子工业出版社，2013.

[26] 马锦飞，常若松，陈晓晨. 认知分心对驾驶安全的影响及调节因素 [J]. 人类工效学，2014,01:92-95.

[27] 马明芳. 应急驾驶与急救全攻略 [M]. 北京：机械工业出版社，2012.

[28] 宋殿明. 视线离开前方视野过程中驾驶人行为研究 [D]. 西安：长安大学，2012.

[29] 赵炳强. 专家教你安全驾驶 [M]. 北京：金盾出版社，2013.

[30] 王淑君. 汽车驾驶全程图解 [M]. 北京：化学工业出版社，2015.

[31] 郑东鹏，驾驶人危险感知及影响因素研究 [D]. 上海：上海交通大学，2013.

[32] 成忠华. 汽车驾驶高手经验集锦 [M]. 北京：机械工业出版社，2014.

[33] 戴家隽，王华容. 驾驶人安全心理指导手册 [M]. 北京：人民交通出版社股份有公司，2014.

[34] 马艳丽. 驾驶人驾驶特性与道路交通安全对策研究 [D]. 哈尔滨：哈尔滨工业大学，2007.

[35] 吴文琳. 汽车安全驾驶全攻略 [M]. 北京：电子工业出版社，2015.

[36] 姚时俊，闫彬. 安全驾驶经验谈 [M].2 版. 北京：机械工业出版社，2014.